JN085605

会社別就活ハンドブックシリーズ

2025

中部電力の
就活ハンドブック

就職活動研究会 編

JOB HUNTING BOOK

は じ め に

　2021年春の採用から，1953年以来続いてきた，経団連（日本経済団体連合会）の加盟企業を中心にした「就活に関するさまざまな規定事項」の規定が，事実上廃止されました。それまで卒業・修了年度に入る直前の３月以降になり，面接などの選考は６月であったものが，学生と企業の双方が活動を本格化させる時期が大幅にはやまることになりました。この動きは2022年春そして2023年春へと続いております。

　また新型コロナウイルス感染者の増加を受け，新卒採用の活動に対してオンラインによる説明会や選考を導入した企業が急速に増加しました。採用環境が大きく変化したことにより，どのような場面でも対応できる柔軟性，また非接触による仕事の増加により，傾聴力というものが新たに求められるようになりました。

　『会社別就職ハンドブックシリーズ』は，いわゆる「就活生向け人気企業ランキング」を中心に，当社が独自にセレクトした上場している一流・優良企業の就活対策本です。面接で聞かれた質問にはじまり，業界の最新情報，さらには上場企業の株主向け公開情報である有価証券報告書の分析など，企業の多角的な判断・研究材料をふんだんに盛り込みました。加えて，地方の優良といわれている企業もラインナップしています。

　思い込みや憧れだけをもってやみくもに受けるのではなく，必要な情報を収集し，冷静に対象企業を分析し，エントリーシート作成やそれに続く面接試験に臨んでいただければと思います。本書が，その一助となれば幸いです。

　この本を手に取られた方が，志望企業の内定を得て，輝かしい社会人生活のスタートを切っていただけるよう，心より祈念いたします。

就職活動研究会

Contents

第1章

中部電力の会社概況

会社によって選考方法は千差万別。面接で問われる内容や採用スケジュールもバラバラだ。採用試験ひとつとってみても，その会社の社風が表れていると言っていいだろう。ここでは募集要項や面接内容について過去の事例を収録している。

また，志望する会社を数字の面からも多角的に研究することを心がけたい。

✔ 企業理念

**中部電力グループは,
くらしに欠かせないエネルギーをお届けし,
社会の発展に貢献します**

誠意と努力

誠意をもって努力を積み重ね,変わらぬ使命を果たし,

お客さまや社会からの信頼に応えます。

創意と挑戦

創意をもって新たな挑戦を続け,つねに優れたサービスを追求し,

お客さまや社会からの信頼に応えます。

自律と協働

一人ひとりが互いを尊重しながら個性を発揮し,協働することで,

のびやかで力強い企業文化を築きます。

✔ 会社データ

本店所在地	〒461-8680 名古屋市東区東新町1番地 Tel：052-951-8211（代表）
代表者	代表取締役社長　社長執行役員　林　欣吾
設立	1951年（昭和26年）5月1日
事業概要	再生可能エネルギー事業、原子力事業、海外事業、コミュニティサポートインフラ関連事業など
資本金	4,307億円
株主数	235,383名
発行済株式総数	7億5,800万株
従業員数	3,153名
発電設備	水力 199ヶ所 5,466.7千kW 原子力 1ヶ所 3,617千kW 風力 1ヶ所 22千kW 太陽光 7ヶ所 18.2千kW バイオマス 1ヶ所 49千kW 合計 209ヶ所 9,172.9千kW （注）端数処理の関係で合計が合わない場合があります。

2023年3月末時点

✔ 仕事内容

再生可能エネルギー部門

水力センター

水力発電設備等の巡視・点検、改良・修繕工事の計画・実施、設備故障時の復旧対応、ダムの運用や発電機の運転を行っています。

本店　水力事業部

水力電源に係る方針や計画策定、AI 等の新技術導入検討、水力センター業務のサポートなどを行っています。また、設備のシステムに係る調査・研究・開発・工事の実施や、水力開発に係る調査・設計・工事の実施等を行っています。

本店　プロジェクト推進部

風力・太陽光・バイオマス・地熱電源に関する新規開発の計画策定やリスク管理、既存設備の巡視・点検や改良・修繕工事の計画・実施、故障時の対応等を行っています。また、投資および出資会社の管理等も行っています。

原子力部門

運営基盤分野

発電所全体に関わる防災業務や核物質防護・警備業務を担当し、放射線管理や業務の機械化に関するシステム開発も担当します。

発電分野

交替勤務により、発電設備の運転操作や巡視点検を行うとともに、放射性廃棄物や水質の管理を担当します。

エンジニアリング分野

発電所設備の共通的な設計を行うとともに、改良工事や点検工事の設計から予算管理・発注まで一貫して担当し、原子燃料・使用済燃料管理の業務も担当します。

保修分野

機械・電気および通信設備の管理や日常保修・改良工事・点検工事を実施し、現場作業に関わる業務を担当します。

廃止措置分野

日本で初めての商用軽水炉の廃止措置となる浜岡原子力発電所 1・2 号機の廃止措置計画や工事を担当する部署です。

土木部門

再生可能エネルギーカンパニー
再生可能エネルギー発電の土木構造物であるダムや導水路などの設計・建設・改良・保守を行っています。

本店原子力土建部　浜岡原子力発電所
原子力発電所の土木構造物である取水槽やタンク基礎などの設計・改良・保守、また、原子力部門と連携した新規制基準への適合性審査の対応、防波壁等の安全性向上対策工事などを行っています。

パワーグリッド　基幹系統建設センター
電力流通設備の土木構造物である変電機器の基礎やケーブル洞道などの設計・建設・改良を行っています。

IT 部門

デジタル化推進
最先端のデジタル技術を探求し、ITサービス・ツールの導入や利用支援を実施することで、グループ全体の業務効率化・高度化に貢献しています。

セキュリティマネジメント
最先端のサイバー攻撃手法・技術を探求し、必要な防御策を先取りして導入することで、サイバー攻撃を防御し電力の安定供給に貢献しています。

システム開発・保守
人事・経理や発電業務に関するシステム、お客さま接点管理やゼロエミッションを実現するシステム、送変電・配電といった電気を送る設備を管理するシステムなど中部電力グループ3社の自社システムに関する企画・開発・実施しています。

経営戦略部門

加速する脱炭素化の流れや新型コロナウィルスによる生活様式の変化など、中部電力グループの企業経営を取り巻く環境は急速に変化しています。このような中、企業価値向上につながるような「経営の方向づけ」やグループ経営強化に向けた取り組みをおこなうのが経営戦略部門のミッションです。事業領域分野ごとに事業会社（中部電力パワーグリッド、中部電力ミライズ、JERA）とグループ会社が一体となった成長戦略やゼロエミッションへの道筋を立案するとともに、会社の中長期的な業務運営方針をはじめとする経営計画の策定など

をおこなっています。さらに、設備投資計画や資金計画の立案、将来の電力の安定供給に向けた電源設備計画の総合調整を実施しています。加えて、グローバルな情報収集などのため、ワシントンやロンドン、ドーハなどに事務所を設けており、世界や日本全体の社会・経済の情勢分析や調査も重要な任務です。

近年では、これまで国内で培ってきたノウハウを活用し、ヨーロッパやアジア諸国での海外事業の展開や、資源循環ビジネスを含む地域インフラ事業の推進など、今後の新たな収益源確保に向けた取り組みも行っています。

法務部門

中部電力の事業活動を法的側面からサポートする法務部門。お客さまや株主・投資家の皆さまからさらなる競争力の強化や業務執行の効率化、経営の適法性の確保が求められている中で、「会社法」「独占禁止法」などの分野における課題への対応や新規事業・海外プロジェクトに際しての法的サポートを行っています。さらに、コンプライアンス（法令遵守）違反を未然に防止するため、コンプライアンスの推進に向けた諸施策を立案・実施しています。

総務部門

対外的には会社の総括窓口として、社内的には防災・危機管理といった企業防衛をはじめ、会社全体にかかわる業務を組織横断的に掌握して調整する役割を担っている総務部門。全社的な活動・行事の推進的な役割などの任務があり、業務も多岐にわたっています。台風・地震などの自然災害に対する「防災対策」や防火・防犯のための「防災業務」、総括的な窓口として社内外の方々と対外折衝をおこなう「渉外業務」、経営に影響を及ぼしうる事象に対応する「危機管理業務」、個人情報をはじめとしたセキュリティに関する「情報管理業務」などの役割を担っています。

広報部門

広報部門は、お客さまや社会、従業員に対し会社のあらゆる情報を迅速かつ正確にわかりやすく発信する「広報活動」と、お客さまや社会の皆さまからの声をしっかりとお聴きして事業活動に反映する「広聴活動」という2つの仕事を通じて、コミュニケーション全般を司るハブの役割を担っています。
経営ビジョンに掲げる事業領域の拡大とビジネスモデルの変革に取り組みつつ、「一歩先を行く総合エネルギー企業グループ」としてお客さまや社会の皆さまから選ばれるためには、ブランド価値を一層高めていくことが重要です。広報部

門では、テレビや Web、SNS などの各種メディア（媒体）を活用した情報発信を行う「広告・Web コミュニケーション業務」、記者会見やプレス発表を行う「報道対応業務」、エネルギーに関する意見交換会や施設見学会を実施する「エネルギー広報業務」、社内報の制作やイントラネットの運営を行う「インナーコミュニケーション業務」などを通じて、「中部電力ブランド」のさらなる強化に資する取り組みを展開しています。

環境・地域共生部門

中部電力は、安全で安価な電力供給に努めるとともに地球環境の保全に十分配慮した企業活動を展開しています。環境・地域共生部門では、世界や国レベルの動向にも対応が必要な「環境活動」から、地域に根差した取り組みである「地域共生活動」まで、非常に幅広い課題に取り組んでいます。「環境活動」においては、地球環境から地域の環境保全まで環境問題全般を統括する役割を担い、「中部電力グループ環境基本方針」の策定を始め、地球温暖化への対応や環境管理活動の展開、お客さまの理解と共感の獲得を目指した環境コミュニケーションなどを行っています。また、「地域共生活動」においては発電事業に関連する地域との共生という役割を担い、地域活性化策の調査・検討や海岸清掃などのボランティア活動、地域イベントへの参加などを行っています。このように「地球環境の保全」と「地域共生活動の推進」を最重要課題として取り組んでいます。

新規事業部門

事業創造本部は、成長戦略の実現に向けた新規事業の取り組みを強化するため 2019 年 4 月に設置された新しい組織です。

エネルギー事業で培ってきた強みに、場所を超えてさまざまなお客さまのニーズをつなぐことができる最新の AI や IoT 技術を合流させることで、希薄化の進む現代のコミュニティに新たなソリューションを提供し、コミュニティが抱えるさまざまな社会課題の解決に寄与することを目的としています。

これまで、学校連絡網と地域情報の通知を行う「きずなネット」、換気状態の見える化サービス「Airoco」、地域包括ケアへの取り組みである「遠隔診療」「フレイル検知」や地域型情報銀行「MINLY」など、先端技術を活用した様々なサービスを創出しています。

先端技術や事業開発に精通した人財の活用や業界の垣根を超えた多様な協業を積極的に展開し、暮らし・産業・コミュニティの潜在的なニーズや課題にお応えできる「つながることで広がる新たな価値」を、中部電力グループ全体でお届けして参ります。

・きずなネット
・Airoco
・地域包括ケア
・MINLY

グローバル事業部門

当社は、2021年11月に公表した「中部電力グループ　経営ビジョン2.0」において、グローバル事業を「成長戦略」と位置付けています。グローバル事業の強化・拡大、責任と権限を明確化した機動的な事業遂行体制、社内外に対してフラッグを立てることを目的に、2022年4月にグローバル事業本部を設置しました。

今後は欧州・アジア太平洋を中心とした、脱炭素につながるグローバル事業への投資を拡大し、収益基盤の強化と利益拡大を図ることで、脱炭素社会の実現に貢献していくことを目標としています。また、海外コンサルティングにおいては、経済成長が期待できるアジア・アフリカを中心に、独立行政法人国際協力機構（JICA）案件に加え、世界銀行などからの受注拡大を目指しています。さらに、グローバルで培った脱炭素やコミュニティサービスの知見を活用することで、国内事業とのシナジーを高め、さらなる深化を図っていきます。

海外には、エネルギー情勢を中心とした情報収集等の拠点として、ワシントン、ロンドンおよびドーハに事務所を、また、グローバル事業の拠点として、オランダに統括会社を設置しています。

人事部門

中部電力がお客さまから選ばれ続け、持続的に発展していくためには、多様な人財がそれぞれの能力を伸ばし、活躍できることが重要だと考えています。女性や高年齢者、チャレンジド（障がい者）といった方たちにとっても働きやすく、すべての人財が活躍できるよう、教育や職場環境の整備を推進しています。

また、「従業員がいきいきと働くためには、職場環境の整備だけでなく、ライフ（生活基盤）の充実が必要」との考えのもと、「ライフ・ワーク・バランス」を推進しています。

人事部門の具体的な業務は「従業員の健康と安全を管理する安全・衛生業務」「労働組合との窓口を担う労務業務」「就業規則などに基づく服務管理業務」「異動や評定を行う人事業務」「採用業務」「社員育成のための教育業務」「賃金支払いなどの給与業務」「充実した社会人生活を営むための厚生業務」などがあります。

経理部門

経理部門は、事業活動に関するあらゆる事項について予算編成やその執行状況を統一的に把握し、経営の意思決定をサポートするなど経営管理の中枢的な役割を担うとともに、経営方針に基づき「損益予算」「投資予算」の編成によって企業価値向上に向けた適正な利益水準の確保や財務体質の強化を主導しています。会社の取引については、各種の伝票・証拠書類等を通じて把握し、常に適正な会計処理が行われるようサポートするとともに、「損益計算書」「貸借対照表」など財務諸表の作成を通じて期間の経営成績と期末の財政状態を正確に把握します。また、「営業活動」「投資活動」「財務活動」にともなうキャッシュ・フローを管理しつつ、事業に必要な資金を低コストで安定的に確保していくため、多様なファイナンスを積極的に行うなど、資金調達コストの低減に努めています。さらに、個々の戦略的投資等が適切に実施されるように、事前にリスクの把握・評価を行うとともに、投資等の実施後も定期的に状況確認を行っています。

調達部門

契約業務

物品の購入、工事・物品輸送の請負付託、業務委託および不要物品の売却に関する契約を行っています。調達部門における契約額は巨額であるため、1%のコストダウンの実現が多大な利益を生み出すことになります。その実現のために①スケールメリットをいかした「他電力との共同調達」、②複数年一括による発注数量の増加によるスケールメリットをいかした「複数年一括契約」、③安価な海外製を購入することで費用を抑える「海外調達」など、様々な手法を駆使して調達活動を展開しています。また、社内の関係部門や取引会社と協調しながら安定調達の実現にも努めています。

貯蔵品管理業務

日常の工事に共通で使用する物品を一定量購入のうえで貯蔵品として倉庫に保管することで、必要なときに効率的に資材を供給できる体制を整えています。また、工事で余った物品や設備から撤去された機器等を倉庫に保管し、別の工事で有効活用を図るといった運用も行っています。また、貯蔵品の管理においても経済的かつ効率的な在庫運営を図っています。

✔ 先輩社員の声

【グループ経営戦略本部／2010年度入社】
業務内容について
【所属部門】グループ経営戦略本部（アライアンス推進グループ）
【部門紹介】電力・ガスの小売全面自由化をはじめとして，かつてないほど大きく変化している経営環境を見据え，中部電力の企業価値を向上させるような「経営の方向付け」をおこなうのが経営戦略部門です。経営計画策定や事業戦略立案，他社との提携検討のほか，原価・資金計画や設備計画などの仕事があります。また，ワシントンとロンドンには現地事務所を設け，エネルギー情勢をはじめとするグローバルな情報収集をおこなっています。

中部電力を選んだ理由
地元の東海エリアでの就職を希望し，業種はインフラ系を考えていました。大学時代に所属したバレー部のように，「チームで同じ目標に向かい，みんなで達成する喜びや充実感」を得られる仕事をしたいと思っていたんです。そして，中部電力の説明会に参加し，「社員一丸となって安全・安定かつ安価なエネルギー供給に取り組み，社会の発展に貢献する」という姿勢に共感して，中部電力を強く志望するようになりました。その後の説明会や選考でも社員の使命感や仕事への熱心な姿勢を確信し，入社を決意しました。

私の仕事について
2015年4月，当社は東京電力をパートナーとして折半出資で株式会社JERAを設立しました。電力・ガスなどの安定供給と低価格化を両立するとともに，両社グループの企業価値向上を目的に，燃料上流・調達から発電に至るまでの事業を統合。国際エネルギー市場で競合他社と互角に戦うことができるグローバルなエネルギー企業体を創出するためです。
中部電力と東京電力両社からJERAへの事業統合は，ロードマップに沿って順次進めており，その中で私は，海外発電・エネルギーインフラ事業の統合業務を担当しています。従来は各社でおこなっていたこれらの事業をJERAに統合するのですが，そのために何をすればいいかを明らかにし，海外発電・エネルギーインフラ事業を所管する国際事業部が実務をおこなえるようにするための推進役です。
会社法などの法律や会社分割の際の税務・会計など，どのような問題の解決が必要かを洗い出し，関係者に伝えるための資料を作成し，専門家の意見を仰ぎます。法務や経理など社内の関係部署はもちろん，法律・会計・M&Aのアドバイザー，パートナーの東京電力の方たちなど，多彩な分野の人と関わります。多くの国にまたがる事業統合であり，国内では前例のないプロジェクトであるため，誰も明確な解答は持っていません。それでも私が課題を具体的に，ときには図式化して問いを投げかけることで，誰もが納得する答えが得られてプロジェクトが前進する瞬間があり，大きなやりがいを感じます。

募集職種	事務職，技術職
応募条件	●2023年4月から2024年3月までに、大学院、大学、高専専攻科を卒業・修了（予定）の方 ●2020年4月から2023年3月までに、大学院、大学、高専専攻科を卒業・修了された方（ただし就労経験をお持ちでない方） ●当社が指定するいずれの事業場へも勤務可能な方 ※既卒の方の選考プロセス、処遇は新卒の方と同じです。 ※高等学校および技術職を希望される高専本科、専修学校の方はすべて学校推薦となります。 　対象となる学校につきましては、別途学校にご連絡させていただきますので、募集要項等につきましては、学校の就職担当の方へお問い合せください。
採用予定学部学科	学科不問
募集会社	中部電力株式会社／中部電力パワーグリッド株式会社 中部電力ミライズ株式会社　　※募集要項は各社共通
勤務地	愛知県・静岡県・三重県・岐阜県・長野県・東京都、その他国内外の事業場 ※将来的に海外での勤務の可能性もあります
勤務時間	［フレックスタイム勤務制］ 1日の標準労働時間：7時間40分 最低労働時間：4時間 フレキシブルタイム：7時00分〜20時00分 休憩：1時間（勤務時間が6時間を超える場合） ［指定勤務制］ 標準勤務：8時30分〜17時10分 休憩：12時00分〜13時00分 ※事業場によって勤務体系が異なる
時間外労働	あり（36協定における特別条項あり）
給与	大学院修士了　　　　月給238,000円（2022年度） 大学卒　　　月給214,000円（2022年度） 高専本科卒　　　　月給190,500円（2022年度） 高等学校卒　　　　月給169,500円（2022年度）
諸手当	時間外労働手当、当直手当、通勤手当ほか

昇給	年1回（4月）
賞与	年2回（6月・12月）
福利厚生	【制度】各種社会保険、財形貯蓄、従業員持株制度、カフェテリアプラン等 【施設】独身寮等 【年間休日】休日122日（月別休日8日、通年休日26日）※ただし交替勤務の場合は異なる 【有給休暇】初年度15日、勤続2年目以降20日 【休暇】ライフ・サポート休暇、リフレッシュ休暇、夏季休暇3日、特別休暇など
主な仕事内容	《事務職》 経営戦略部門、法務部門、総務部門、広報部門、環境・地域共生部門、新規事業部門、グローバル事業部門、人事部門、経理部門、調達部門、用地部門、パワーグリッド営業部門、法人営業部門、リビング・ビジネス営業部門、電力調達・需給部門、ガス事業部門、カーボンニュートラル推進部門 《技術職》 【再生可能エネルギー部門】再生可能エネルギー発電設備の運転・保守・工事業務他 【原子力部門】原子力発電所の設備設計・工事・運転・保守業務他 【電子通信部門】電力設備の通信設備の計画・運用・保守・管理業務他 【配電部門】配電設備の建設・保守業務他 【系統運用部門】需給運用業務、系統制御装置の開発・管理業務他 【送変電部門】送電線・変電所の保守・建設業務他 【エネルギーソリューション部門】エネルギーシステムのソリューション提案業務他 【土木部門】電力設備などの建設・保守業務他 【建築部門】事務所等の建物の設計・工事管理・保守業務他 【IT部門】情報システムの開発・保守・運用業務他
配属・帰属会社	【事務職】 中部電力パワーグリッド株式会社または中部電力ミライズ株式会社へ入社していただきます。 【技術職】 再生可能エネルギー・原子力・土木・IT部門に配属の場合は中部電力株式会社、電子通信・配電・系統運用／送変電・建築部門に配属の場合は中部電力パワーグリッド株式会社、エネルギーソリューション部門に配属の場合は中部電力ミライズ株式会社へ入社していただきます。

その他	業務により必要なため、入社までに普通自動車免許を取得 エントリーにつきましては、マイページより３社一括での受付となります

✔ 採用の流れ <small>(出典：東洋経済新報社『就職四季報』)</small>

エントリーの 時期	【総・技】３～３月
採用プロセス	【総・技】ES提出・筆記（３月）→面接（６月）→内々定

採用実績数

	大卒男	大卒女	修士男	修士女
2022年	42 （文：32 理：10)	23 （文：15 理：8)	90 （文：0 理：90)	15 （文：1 理：14)
2023年	39 （文：32 理：7)	28 （文：19 理：9)	119 （文：0 理：119)	16 （文：0 理：16)

※2024年：236名採用予定

採用実績校

【文系】
同志社大学，京都大学，慶應義塾大学，南山大学，名古屋市立大学，法政大学，名古屋大学，明治大学，一橋大学，立教大学，愛知大学，横浜国立大学，岐阜大学，九州大学，神戸大学，静岡大学，早稲田大学，大阪大学，東京大学，北海道大学，名古屋学院大学

【理系】
名古屋大学，名古屋工業大学，岐阜大学，東北大学，京都大学，九州大学，金沢大学，北海道大学，信州大学，静岡大学，福井大学，大阪大学，大阪公立大学，同志社大学，横浜国立大学，三重大学，東京大学，東京理科大学，名城大学，立命館大学　他

✔2023年の重要ニュース (出典：日本経済新聞)

■中部電力、法人の電気料金軽減　燃料安で5月から5%強（3/29）

中部電力は29日、法人向け電気料金を5月使用分から5カ月間、1キロワット時当たり2.09円値引きすると発表した。モデルケースでは5.3～6.9%の割引になる。4月から法人向け標準プランの料金を9.8～11.1%引き上げるが、最近の燃料価格が下がっていることなどを受け、顧客の負担を軽減する。

対象は工場やビルなど「高圧」「特別高圧」契約を結んでいるすべての法人で、契約件数は約8万件。燃料輸入コストの変動を毎月の電気料金に反映させる「燃料費調整単価」から、1キロワット時当たり2.09円を差し引く。補助の総額は630億円ほどになる。

中部電力は1月末に2023年3月期の連結業績予想を引き上げ、最終損益は500億円の黒字（前期は430億円の赤字）と、それまでの赤字予想から一転して黒字見通しとなった。林欣吾社長は29日の記者会見で「業績は大幅に改善する見通しとなった。経営環境の先行きや財務などを踏まえ、負担軽減策を実施する」と説明した。

■中部電力・北陸電力など出力制御　三大都市圏で初（4/7）

中部電力パワーグリッド（PG）と北陸電力送配電は7日、一部の太陽光・風力発電事業者の稼働を一時停止する「出力制御」を8日に実施すると発表した。三大都市圏では初めて。東京電力パワーグリッド（PG）管内でも需給調整が限界に近づいてきている。需給バランスが崩れれば、停電リスクがある。日本でも出力制御が大都市に広がる事態となり、送電線増強などを急ぐ必要がある。

中部電PGは午前8時～午後4時の間で、需給に応じて3万～41万キロワット分の出力を止める。一時停止する対象は10キロワット以上の太陽光発電事業者から、中部電PGが無作為で選ぶ。個人の一戸建ての屋根の太陽光パネルは、多くが10キロワットを下回るため一時停止の対象にならない見通しだ。

北陸電送配電は太陽光と風力の発電設備を持つ事業者に出力制御を指示した。出力制御の時間帯は午前8時～午後4時。8日は太陽光の出力が上がることに加え、7日の降雨の影響による水力発電の出力増加も想定されるという。

出力制御は寒さや暑さが和らぐ春と秋で、特に工場の稼働などが止まる休日に制御が必要になる場合が多い。2015年に九州の離島で初めて実施され、22年春には東北、中国、四国、北海道で、23年1月には沖縄でも実施された。太陽

光の急速な普及を受けて、電力需要が大きい三大都市圏でも出力制御を迫られる事態になった。

中部電 PG の送配電網に接続された太陽光・風力発電の容量は、固定価格買い取り制度を導入した 2012 年から拡大。22 年末で 1128 万キロワットと 12 年 3 月末に比べて 12 倍に上る。22 年 5 月 3 日には一時、中部エリアの電力需要の 84% を太陽光・風力発電でまかなうなど需給の調整が綱渡りになっていた。

電力の需要と供給のバランスが崩れると、大規模な停電が発生する恐れがある。中部電 PG 管内では、8 日は好天が予想され太陽光の発電量も増えると見込まれる。火力発電などの出力を抑えても需給のバランスが崩れると判断した。ゴールデンウイーク（GW）も出力制御の可能性があるとみている

■中部電力、AI で水力発電の効率アップ　短時間で計画作成（12/18）

中部電力は水力発電所の効率的な発電を支援するシステムを開発した。翌日の降雨量やダムの水位などを人工知能（AI）で分析し、水系のどのルートにどれだけの水を流すのかの発電計画をつくる。発電量を年 2% 程度増やせるほか、計画の作成時間を 4 分の 1 以下に減らせるという。

中部電力の子会社でデータ分析などを手掛けるツナグ・コミュニティ・アナリティクス（名古屋市）とともに開発し、14 日付で特許を出願した。

このシステムの実証実験を実施した岐阜県の飛騨川水系は、14 カ所のダムと 22 カ所の水力発電所があり、上流から下流まで様々なルートで水を流すことができる。

普段は発電効率の良い発電所があるルートに多くの水を流す一方、水量が少ない時期には少量の水でも電力をつくりやすい小規模発電所があるルートに多く流す、といった計画を AI が作成する。電力の卸市場の値動きを予測して、売電価格が高い時間に多く発電するなどの計画もつくれる。

従来は経験を積んだ技術者が、天気予報をもとに 2 〜 4 時間をかけて翌日の発電計画をつくっていた。AI を使うことで計画策定にかかる時間が 30 分程度に減るという。脱炭素電源として水力発電の重要性は増している。デジタル技術の活用で効率を高める。

✔2022年の重要ニュース （出典：日本経済新聞）

■中部電力、糖尿病のオンライン診療システムを拡充（1/27）

　中部電力は 27 日、慶応義塾大学病院向けに糖尿病と肥満症のオンライン診療システムを拡充すると発表した。患者のインスリンの使用量や血糖値測定器のデータをクラウド上で医師と共有できるようにした。医師と患者がデータを共有することで診療時の利便性を高める。

　医療子会社のメディカルデータカード（東京・新宿）のオンライン診療システムと、血糖値測定機器メーカー 3 社のシステムを相互に連携させた。血糖値測定器の国内販売シェアは 3 社合計で約 5 割を占めるという。データは患者が同意した上で共有する。

　これまでのオンライン診療では、医師が測定器メーカーごとのクラウドにアクセスして血糖値のデータを見る必要があった。メディカルデータカードのシステムにデータを一元化することで、医師が診療しやすくした。中部電力は今後も他の測定器メーカーとのシステム連携を広げる。

■中部電力、最終赤字 500 億円に　22 年 3 月期予想下方修正（3/25）

　中部電力は 25 日、2022 年 3 月期の連結最終損益が 500 億円の赤字（前期は 1472 億円の黒字）になりそうだと発表した。従来予想（450 億円の赤字）から赤字額が 50 億円膨らむ。渇水に備えた引当金を取り崩して約 202 億円の利益を計上するが、ロシアのウクライナ侵攻などに伴い市場で取引される卸電力価格が高騰し、電力小売子会社の電力調達費用が膨らむ。

　経常損益は 800 億円の赤字（前期は 1922 億円の黒字）と、従来予想を 300 億円下回る。卸電力価格が高騰したことに加え、水力発電の発電量が低調だったことで市場から調達する量が増えた。

　電力小売子会社の中部電力ミライズは販売する電力の 1 割を市場で調達しているが「23 年 3 月期は市場調達の比率を絞る」（水谷仁副社長）という。売上高は前期比 11% 減の 2 兆 6000 億円とする従来予想を据え置いた。

■中部電力、商業施設開発に参入　名古屋市で 24 年開業へ（6/3）

　中部電力グループは商業施設の開発に参入する。名古屋市瑞穂区の同社社宅跡地に中電不動産（名古屋市）がスーパーや飲食店、学習塾、医療機関などが入る

小型のショッピングセンターを 2024 年 4 月に開業する計画だ。

　施設は市営地下鉄瑞穂区役所駅から徒歩 15 分の場所で、地下 1 階地上 2 階建てなどの 3 棟。敷地面積は 1 万 2143 平方メートルで店舗面積は 2222 平方メートル。22 年 11 月に着工する予定だ。駐車場は約 150 台分用意する。総工費は未定。

■東京電力と中部電力が 9 月の電気料金値上げ（7/28）

　大手電力 10 社は 28 日、燃料価格を電気料金に反映する燃料費調整制度（燃調）に基づく 9 月分の料金を公表した。東京電力ホールディングスの標準的な家庭の 1 カ月当たりの料金は 8 月比 8 円高の 9126 円と、13 カ月連続で値上げする。中部電力も 364 円高の 9111 円とする。

　燃調は発電に使う液化天然ガス（LNG）や石炭といった燃料の価格の増減を電気料金に自動で反映する仕組みだ。9 月の電気料金は 4 〜 6 月に輸入した平均燃料価格から算定する。

　大手電力は電源構成や燃料を使う量などに応じて、料金算定のもとになる基準価格を定めている。一部の契約では燃料価格が基準価格より 5 割高い「上限価格」を超えると、その月は超えた分を電力会社が負担する。東電は 9 月分で上限に達し、9 月から該当する契約で自己負担が発生する。中部電力も 10 月にも上限に到達する可能性がある。

　大手ガスも 4 社のうち 3 社が値上げする。大阪ガスは 125 円高の 6726 円、東邦ガスは 138 円高の 7361 円、西部ガスは 100 円高の 6827 円となる。ガス料金にも電力と同様に燃料費を転嫁する制度があり、大ガスは 9 月時点で転嫁の上限に達した。東京ガスも 7 月に転嫁の上限に達したが、10 月以降に上限を段階的に引き上げるため再びガス料金が上がる。

✔2021年の重要ニュース (出典：日本経済新聞)

■中部電、太陽光発電の異常を通知　スマートメーターで (2/5)

中部電力ミライズはこのほど、太陽光発電や電気給湯器の異常を顧客に通知するサービスを始めた。通信機能を持つスマートメーター（次世代検針器）から得られる発電量や電気使用量で不具合の可能性を検知し、メールで知らせる仕組み。契約者の発電ロスや余分な電気代の支払いをなくす。

通知はウェブサービス「カテエネ」に登録された顧客のメートアドレスに送られる。料金は無料。太陽光発電を売っている顧客に対しては過去3カ月間の発電量のデータを参考にし、1カ月に1回の判定で発電量に異常があれば顧客にメールを送る。

電気給湯器では、水漏れやタイマー設定のズレなどを検知する。過去3カ月間の電力使用量をもとに6日間に1回判定。使用量に異常があった際に顧客へ通知される。

■中部電力と三菱商事が新会社発表、生活サービス提供へ (2/24)

中部電グループの電力小売会社、中部電力ミライズと三菱商事は24日、生活関連の物販やサービスを提供する新会社を2021年4月に共同で設立すると発表した。新会社名は「中部電力ミライズコネクト」（名古屋市）。一般家庭向けに高齢者の見守りサービスを提供したり、ライフステージに合わせた金融商品を提案したりする。

新会社の資本金は12億5000万円、中部電ミライズが51%、三菱商事が49%出資する。中部電ミライズのウェブ会員向けにコストコの総菜や食料品を届けるサービスを始めるほか、ローソンの店舗を活用した電気やガスの相談受け付け、保険提案などを計画する。ミライズの安井稔取締役は「中部地域の顧客が中心だが、他社と組んで全国にもサービスを広げていきたい」と話した。

■中部電、東電と新たな連系線開設　災害時の電力融通拡 (7/31)

中部電力は31日、東京電力との間で電力をやり取りする新たな連系線の運用を始める。災害時の電源不足を互いに補う。電力自由化や再生エネルギー普及の

基盤として、地域をまたいで電力を融通する設備の多重化が求められている。新設備により両社間の送電枠は従来の計 120 万㌔㍗から計 210 万㌔㍗に拡大。2027 年度までには既存設備の増強で計 300 万㌔㍗に引き上げる計画だ。

　運用を始めるのは「飛騨信濃交流連系設備」。中部電は岐阜県高山市に「飛騨変換所」を新設した。中部電と東電は周波数がそれぞれ 60㌹と 50㌹で異なるため、交流電力をいったん直流に変換して約 90㌔㍍の距離を送電する。東電は長野県朝日村の「新信濃変電所」を増設して対応する。

　飛騨変換所は標高 1000㍍を超える立地のため、2㍍の積雪とマイナス 30 度の低温に耐える仕様になっている。新信濃変電所の増設なども含めた新連系設備の総工費は約 1300 億円。北海道から九州までの 9 電力会社が事業規模などに応じて費用を負担する。中部電の負担額は約 200 億円となる見通しだ。

■中部電が植物工場、静岡でレタス 1 日 10 トン生産（5/25）

　中部電力は 25 日、植物工場運営のスプレッド（京都市）と組んで植物工場に参入すると発表した。新会社を 7 月にも立ち上げ、静岡県袋井市に工場を建設する。2024 年から 1 日あたり 10 トンのレタスを生産する。

　新会社「ツナグコミュニティファーム」（名古屋市）には中部電が 51％、不動産子会社の日本エスコンが 48％、スプレッドが 1％ を出資する。出資額は非公表。工場は日本エスコンの所有地で 10 月に着工、中部電のエネルギー管理のノウハウやスプレッドの栽培技術を生かし、まずは人工光だけでレタスを栽培する。生産能力は「世界最大規模になる」（林欣吾社長）という。

　林社長は 25 日の記者会見で「工場生産のレタスの市場は年 20％ 程度で広がるとの研究機関の想定がある」と指摘。その上で「レタスは一玉 100 円ほどだが、それよりも安い価格でも採算がとれるようにする」と述べた。

✔ 就活生情報

社員の方と話すときは，就活を楽しんでいる空気を出すとよいと思う

技術職 2020卒

エントリーシート

・形式：履歴書のみ
・内容：志望動機，入社後やりたいことなど

セミナー

・選考とは無関係
・服装：リクルートスーツ
・内容：少人数のブースに分かれ，社員の話を聞いたり質問したりする

筆記試験

・形式：Webテスト
・科目：数学，算数／国語，漢字／性格テスト

面接（個人・集団）

・内容：1回目は午前に施設見学会をした後。学生2人の面接。基本的には逆質問で，最後にエントリーシートに沿った質問が1つか2つほど。
・2回目は本店で年次の高い社員と面談。志望動機，入社後やりたいこと，長所と短所。他には法令遵守について，緊急事態の際の長時間勤務などについて

グループディスカッション

・他の人が面接間に，つなぎとして社員の方を交えながら気軽に話す機会あり

内定

・拘束や指示：すべての選考を辞退し，推薦書を提出するよう言われた

▶ その他受験者からのアドバイス

・インターンシップに参加することは非常に大事。参加した結果，面白くなかったと感じても，その業界や企業が自分に合っていないと分かっただけで収穫になる

技術職 2019卒

エントリーシート

・内容：自覚している性格，趣味・特技，志望動機，入社して取り組みたい仕事・実現したいこと　など

セミナー

・内容：Engineer Forum。各部門ごとにブースがあり25分×5ターム用意されていてる。自分の興味のあるブースに行き，社員の方々の話を聞く

筆記試験

・形式：Webテスト
・科目：言語と非言語

面接（個人・集団）

・質問内容：人事の人からは他社の選考について聞かれる。
　役員面談では「志望動機」「自分の強み」「親はどう思っているか」「原子力への思い」「逆質問」等。
　部長面談では、「最後に君の意志を最終的に聞かせて」といわれる

内定

・タイミング：内定時期は，4月

▶ その他受験者からのアドバイス

・施設見学会での面談をくぐり抜けた人だけが本店に呼ばれる。人数でいうと，施設見学会の1/3程度には削られている。意志確認程度だが，役員の方から志望動機や強みを聞かれるので気を抜かない方がいい

業界研究，企業研究に上限はないので，できる限り
深く広くやりましょう

事務系総合職 2018卒

エントリーシート
・形式：サイトからダウンロードした用紙に手で記入
・内容：志望動機，学生時代がんばったことについて

セミナー
・選考とは無関係
・服装：リクルートスーツ
・内容：2回あり，2回とも内容は企業説明と，企業理解を深めることができる
簡単なGW，その後に社員の方との座談会

筆記試験
・形式：Webテスト
・科目：数学，算数／国語，漢字

面接（個人・集団）
・質問内容：志望動機（なぜ電力か，その中でなぜ当社を選んだのか），入社後
やりたいことは何か，学生時代頑張ったこと，その中で困難だったこと，自分
はどんな人間か（自己PR），強み／弱みは何か

内定
・拘束や指示：最終面接合格通知を頂いた際に，他者を辞退した上で再度連絡
するよう伝えられた
・通知方法：電話
・タイミング：予定より早い

● その他受験者からのアドバイス
・人事の方や，リクルーターの方の人柄が本当によい
・奇をてらった質問や課題ではなく，王道な質問から人間性を見てくださる
ので，しっかりと準備すればそれが素直にいい結果に繋がる
・いかに素早く流暢に応えられるかではなく，伝えたい内容そのもので判断
してくれる。緊張していても最後まで気持ちを込めて誠実に伝えること

事業内容を深く知る上で，インターンには積極的に参加して下さい

事務系 2017卒

エントリーシート
・形式：指定の用紙に手で記入
・内容：志望動機，会社でやりたいこと，自己PR　など

セミナー
・選考とは無関係
・服装：リクルートスーツ
・内容：1回目は社員との懇談会。2回目はグループワークを通じ，中部電力株式会社の姿勢を知ることができる

筆記試験
・形式：Webテスト
・科目：数学，算数／国語，漢字

面接（個人・集団）
・雰囲気：普通
・回数：2回

早め早めに行きたい企業を決めて，どんどんアピールしてください。さらに行きたい部門も決めて，積極的にアピールすれば大丈夫！

技術系 配電部門 2015卒

エントリーシート

- 形式：指定の用紙に手書き
- 内容：「志望動機」，「学生時代に頑張ったこと」。

セミナー

- 選考とは無関係
- 服装：リクルートスーツ
- 内容：ある程度，部門の仕事内容を理解して行かないと，あまり意味がないかもしれない。ここでしっかりアピールできるかどうかで，選考に影響が出るような気がする

筆記試験

- 形式：Webテスト
- 科目：数学，算数／国語，漢字

面接（個人・集団）

- 雰囲気：和やか
- 回数：3回
- 質問内容：学生時代頑張ったことや今までの挫折経験，弱みをかなり掘り下げて聞かれる。あとは電力について，電力業界について。基本的に雑談のような面接だった

内定

- 拘束や指示：通知は4月。次の日までにすべての企業の選考を辞退するよう指示された
- 通知方法：電話

▶ その他受験者からのアドバイス

- 電力会社はいま大変な時期です。無神経なことは言わないように
- 幅広く業界を見てみてください。他業界のことが活かせることもあります
- 選考のスピードがとても速かった。面接のフィードバックももらえた

技術職 2014卒

エントリーシート
・形式：採用ホームページから記入

セミナー
・選考とは無関係
・服装：リクルートスーツ

筆記試験
・形式：Webテスト
・科目：数学，算数／国語，漢字。
・内容：SPI3テストセンター

面接（個人・集団）
・雰囲気：和やか
・回数：3回
・質問内容：電力業界や中部電力に対してどう考えているかを聞かれた。私は正直に電気料金が高くなるのは辛いと答えた。研究については最終面接でどう頑張っているかを聞かれたのみ

内定
・拘束や指示：他の企業の選考を辞退するよう指示された
・通知方法：電話

技術系推薦 2014卒

エントリーシート

・形式：指定の用紙に手書きで記入する形式
・内容：「当社を志望した動機」，「入社後に取り組みたい仕事」，「実現したいこととその理由」，「誰にも負けないあなたの強み」，「それが生かされてきた場面」，「学生時代に自分に課した課題や目標，その取り組みと結果」

筆記試験

・科目：理工系専門試験。記述式で実施された。内容はそれぞれの専攻分野についての専門試験

面接（個人・集団）

・雰囲気：和やか
・回数：1回
・内容：人事の方，希望の部門の方，他の部門の方との個人面接。基本的にエントリーシートの内容や学生時代の生活について聞かれた。和やかで普通の会話のような面接だった。面接官が緊張を解してくれる

自分を飾ろうとするのはやめましょう。企業が見ているのはあくまでもマッチングです。飾って落ちても通っても後悔することになります

総合職事務系 2013卒

エントリーシート
・形式：指定の用紙に手書きで記入する形式
・内容：「志望動機」，「自己PR」

セミナー
・選考とは無関係
・服装：リクルートスーツ
・内容：業務説明，簡単なグループワークを実施

筆記試験
・科目：数学，算数／国語，漢字／性格テスト

面接（個人・集団）
・雰囲気：和やか
・回数：2回
・内容：事務系の人事面接は2回しかないため，一次面接が山場だと感じた。基本的な質問が多いが，時折他社ではなかったような点を指摘される。その時の対応が重要ではないかと思う。震災の影響もあり，なぜ電力業界を志望したのかを深く聞かれる

内定
・拘束や指示：通知の段階ではあくまで最終面接合格であり，他社の選考を辞退した後に折り返し連絡をして初めて内々定
・通知方法：電話

◉ その他受験者からのアドバイス
・中部電力は入社したいと，本気で思わせてくれるような企業でした。興味が少しでもあれば，どんどん受けてみるのもいいかもしれません
・面接に備えて，大体の返答内容ぐらいは考えておきましょう。ただし丸暗記すると，かなり不自然になるので止めた方がいいです

✔ 有価証券報告書の読み方

01 部分的に読み解くことからスタートしよう

　「有価証券報告書（以下，有報）」という名前を聞いたことがある人も少なくはないだろう。しかし，実際に中身を見たことがある人は決して多くはないのではないだろうか。有報とは上場企業が年に1度作成する，企業内容に関する開示資料のことをいう。開示項目には決算情報や事業内容について，従業員の状況等について記載されており，誰でも自由に見ることができる。

　一般的に有報は，証券会社や銀行の職員，または投資家などがこれを読み込み，その後の戦略を立てるのに活用しているイメージだろう。その認識は間違いではないが，だからといって就活に役に立たないというわけではない。就活を有利に進める上で，お得な情報がふんだんに含まれているのだ。ではどの部分が役に立つのか，実際に解説していく。

■有価証券報告書の開示内容

　では実際に，有報の開示内容を見てみよう。

有価証券報告書の開示内容
第一部【企業情報】
第1　【企業の概況】
第2　【事業の状況】
第3　【設備の状況】
第4　【提出会社の状況】
第5　【経理の状況】
第6　【提出会社の株式事務の概要】
第7　【提出会社の状参考情報】
第二部【提出会社の保証会社等の情報】
第1　【保証会社情報】
第2　【保証会社以外の会社の情報】
第3　【指数等の情報】

有報は記載項目が統一されているため，どの会社に関しても同じ内容で書かれている。このうち就活において必要な情報が記載されているのは，第一部の第1【企業の概況】〜第5【経理の状況】まで，それ以降は無視してしまってかまわない。

第1【企業の概況】には役立つ情報が満載。そんな中，最初に注目したいのは，冒頭に記載されている【主要な経営指標等の推移】の表だ。

回次		第25期	第26期	第27期	第28期	第29期
決算年月		平成24年3月	平成25年3月	平成26年3月	平成27年3月	平成28年3月
営業収益	（百万円）	2,532,173	2,671,822	2,702,916	2,756,165	2,867,199
経常利益	（百万円）	272,182	317,487	332,518	361,977	428,902
親会社株主に帰属する当期純利益	（百万円）	108,737	175,384	199,939	180,397	245,309
包括利益	（百万円）	109,304	197,739	214,632	229,292	217,419
純資産額	（百万円）	1,890,633	2,048,192	2,199,357	2,304,976	2,462,537
総資産額	（百万円）	7,060,409	7,223,204	7,428,303	7,605,690	7,789,762
1株当たり純資産額	（円）	4,738.51	5,135.76	5,529.40	5,818.19	6,232.40
1株当たり当期純利益	（円）	274.89	443.70	506.77	458.95	625.82
潜在株式調整後1株当たり当期純利益	（円）	—	—	—	—	—
自己資本比率	（％）	26.5	28.1	29.4	30.1	31.4
自己資本利益率	（％）	5.9	9.0	9.5	8.1	10.4
株価収益率	（倍）	19.0	17.4	15.0	21.0	15.5
営業活動によるキャッシュ・フロー	（百万円）	558,650	588,529	562,763	622,762	673,109
投資活動によるキャッシュ・フロー	（百万円）	△370,684	△465,951	△474,697	△476,844	△499,575
財務活動によるキャッシュ・フロー	（百万円）	△152,428	△101,151	△91,367	△86,636	△110,265
現金及び現金同等物の期末残高	（百万円）	167,525	189,262	186,057	245,170	307,809
従業員数［ほか，臨時従業員数］	（人）	71,729 [27,746]	73,017 [27,312]	73,551 [27,736]	73,329 [27,313]	73,053 [26,147]

見慣れない単語が続くが，そう難しく考える必要はない。特に注意してほしいのが，**営業収益**，**経常利益**の二つ。営業収益とはいわゆる**総売上額**のことであり，これが企業の本業を指す。その営業収益から営業費用（営業費（販売費＋一般管理費）＋売上原価）を差し引いたものが**営業利益**となる。会社の業種はなんであれ，モノを顧客に販売した合計値が営業収益であり，その営業収益から人件費や家賃，広告宣伝費などを差し引いたものが営業利益と覚えておこう。対して経常利益は営業利益から本業以外の損益を差し引いたもの。いわゆる金利による収益や不動産収入などがこれにあたり，本業以外でその会社がどの程度の力をもっているかをはかる絶好の指標となる。

■**会社のアウトラインを知れる情報が続く。**

　この主要な経営指標の推移の表につづいて、「会社の沿革」、「事業の内容」、「関係会社の状況」「従業員の状況」などが記載されている。自分が試験を受ける企業のことを、より深く知っておくにこしたことはない。会社がどのように発展してきたのか、主としている事業はどのようなものがあるのか、従業員数や平均年齢はどれくらいなのか、志望動機などを作成する際に役立ててほしい。

03　事業の状況の注目ポイント

　第2となる【事業の状況】において、最重要となるのは**業績等の概要**といえる。ここでは1年間における収益の増減の理由が文章で記載されている。「○○という商品が好調に推移したため、売上高は△△になりました」といった情報が、比較的易しい文章で書かれている。もちろん、損失が出た場合に関しても包み隠さず記載してあるので、その会社の1年間の動向を知るための格好の資料となる。

　また、業績については各事業ごとに細かく別れて記載してある。例えば鉄道会社ならば、①運輸業、②駅スペース活用事業、③ショッピング・オフィス事業、④その他といった具合だ。**どのサービス・商品がどの程度の売上を出したのか**、会社の持つ展望として、今後**どの事業をより活性化**していくつもりなのか、などを意識しながら読み進めるとよいだろう。

■**「対処すべき課題」と「事業等のリスク」**

　業績等の概要と同様に重要となるのが、「**対処すべき課題**」と「**事業等のリスク**」の2項目といえる。ここで読み解きたいのは、その会社の**今後の伸びしろ**について。いま、会社はどのような状況にあって、どのような課題を抱えているのか。また、その課題に対して取られている対策の具体的な内容などから経営方針などを読み解くことができる。リスクに関しては法改正や安全面、他の企業の参入状況など、会社にとって決してプラスとは言えない情報もつつみ隠さず記載してある。客観的にその会社を再評価する意味でも、ぜひ目を通していただきたい。

　次代を担う就活生にとって、ここの情報はアピールポイントとして組み立てやすい。「新事業の○○の発展に際して……」、「御社が抱える●●というリスクに対して……」などという発言を面接時にできれば、面接官の心証も変わってくるはずだ。

　最後に注目したいのが，第5【経理の状況】だ。ここでは，簡単にいえば【主要な経営指標等の推移】の表をより細分化した表が多く記載されている。ここの情報をすべて理解するのは，簿記の知識がないと難しい。しかし，そういった知識があまりなくても，読み解ける情報は数多くある。例えば**損益計算書**などがそれに当たる。

連結損益計算書

(単位：百万円)

	前連結会計年度 （自　平成26年4月1日 至　平成27年3月31日）	当連結会計年度 （自　平成27年4月1日 至　平成28年3月31日）
営業収益	2,756,165	2,867,199
営業費		
運輸業等営業費及び売上原価	1,806,181	1,841,025
販売費及び一般管理費	※1 522,462	※1 538,352
営業費合計	2,328,643	2,379,378
営業利益	427,521	487,821
営業外収益		
受取利息	152	214
受取配当金	3,602	3,703
物品売却益	1,438	998
受取保険金及び配当金	8,203	10,067
持分法による投資利益	3,134	2,565
雑収入	4,326	4,067
営業外収益合計	20,858	21,616
営業外費用		
支払利息	81,961	76,332
物品売却損	350	294
雑支出	4,090	3,908
営業外費用合計	86,403	80,535
経常利益	361,977	428,902
特別利益		
固定資産売却益	※4 1,211	※4 838
工事負担金等受入額	※5 59,205	※5 24,487
投資有価証券売却益	1,269	4,473
その他	5,016	6,921
特別利益合計	66,703	36,721
特別損失		
固定資産売却損	※6 2,088	※6 1,102
固定資産除却損	※7 3,957	※7 5,105
工事負担金等圧縮額	※8 54,253	※8 18,346
減損損失	※9 12,738	※9 12,297
耐震補強重点対策関連費用	8,906	10,288
災害損失引当金繰入額	1,306	25,085
その他	30,128	8,537
特別損失合計	113,379	80,763
税金等調整前当期純利益	315,300	384,860
法人税、住民税及び事業税	107,540	128,972
法人税等調整額	26,202	9,326
法人税等合計	133,742	138,298
当期純利益	181,558	246,561
非支配株主に帰属する当期純利益	1,160	1,251
親会社株主に帰属する当期純利益	180,397	245,309

　主要な経営指標等の推移で記載されていた**経常利益**の算出する上で必要な営業外収益などについて，詳細に記載されているので，一度目を通しておこう。
　いよいよ次ページからは実際の有報が記載されている。ここで得た情報をもとに有報を確実に読み解き，就職活動を有利に進めよう。

✔ 有価証券報告書

■ 企業の概況

1 主要な経営指標等の推移

（1） 連結経営指標等 ···

回次		第95期	第96期	第97期	第98期	第99期
決算年月		2019年3月	2020年3月	2021年3月	2022年3月	2023年3月
売上高（営業収益）	（百万円）	3,035,082	3,065,954	2,935,409	2,705,162	3,986,681
経常利益又は 経常損失（△）	（百万円）	112,929	191,803	192,209	△59,319	65,148
親会社株主に帰属する 当期純利益又は 親会社株主に帰属する 当期純損失（△）	（百万円）	79,422	163,472	147,202	△43,022	38,231
包括利益	（百万円）	84,509	158,852	180,666	26,230	80,506
純資産	（百万円）	1,844,362	1,962,065	2,103,684	2,123,272	2,162,205
総資産	（百万円）	5,987,526	5,500,815	5,686,348	6,174,734	6,455,102
1株当たり純資産	（円）	2,350.52	2,504.68	2,686.12	2,667.66	2,725.43
1株当たり当期純利益又は 1株当たり当期純損失（△）	（円）	104.96	216.11	194.65	△56.90	50.56
潜在株式調整後1株 当たり当期純利益	（円）	—	—	—	—	50.55
自己資本比率	（％）	29.7	34.4	35.7	32.7	31.9
自己資本利益率	（％）	4.5	8.9	7.5	△2.1	1.9
株価収益率	（倍）	16.47	7.05	7.32	—	27.67
営業活動による キャッシュ・フロー	（百万円）	296,406	255,896	384,148	21,688	295,798
投資活動による キャッシュ・フロー	（百万円）	△368,361	△647,622	△215,813	△262,021	△196,928
財務活動による キャッシュ・フロー	（百万円）	337,260	△5,851	△141,121	266,403	73,248
現金及び現金同等物 の期末残高	（百万円）	550,060	147,576	174,909	201,156	373,484
従業員数	（人）	30,321	28,448	28,238	28,365	28,367

（注）1 「収益認識に関する会計基準」（企業会計基準第29号 2020年3月31日）等を，第98期の期首から
適用している。また，当該会計基準等の適用を踏まえ，「電気事業会計規則」（1965年6月15日 通
商産業省令第57号）が改正されたため，「再エネ特措法賦課金」及び「再エネ特措法交付金」の取引
金額は，営業収益より除くこととなり，対応する費用を計上しないこととなった。これらに伴い，第
98期以降に係る主要な経営指標等については，当該会計基準等を適用した後の指標等となっている。

（point） **主要な経営指標等の推移**

　　数年分の経営指標の推移がコンパクトにまとめられている。見るべき箇所は連結の売
上，利益，株主資本比率の3つ。売上と利益は順調に右肩上がりに伸びているか，逆
に利益で赤字が続いていたりしないかをチェックする。株主資本比率が高いとリーマ
ンショックなど景気が悪化したときなどでも経営が傾かないという安心感がある。

2 当社及び当社の子会社である中部電力ミライズ（株）は，業績連動型株式報酬制度「株式給付信託（BBT）」を導入しており，第96期以降の1株当たり純資産の算定上，「株式給付信託（BBT）」に係る信託口が保有する当社株式を期末発行済株式総数の計算において控除する自己株式に含めている。また，第96期以降の1株当たり当期純利益又は1株当たり当期純損失（△）の算定上，「株式給付信託（BBT）」に係る信託口が保有する当社株式を期中平均株式数の計算において控除する自己株式に含めている。当該制度の概要については，「第5　経理の状況　1　連結財務諸表等（1）連結財務諸表注記事項（追加情報）」に記載している。

3 第98期の潜在株式調整後1株当たり当期純利益については，新株予約権を所有する（株）日本エスコンを連結子会社化したことにより，潜在株式は存在するものの，1株当たり当期純損失（△）であるため，記載していない。また，第97期以前の潜在株式調整後1株当たり当期純利益については，潜在株式が存在しないため記載していない。

4 第98期の株価収益率については，当期純損失（△）であるため，記載していない。

5 2019年4月1日付で，当社の燃料受入・貯蔵・送ガス事業及び既存火力発電事業等（以下，「火力発電事業等」という）を吸収分割により（株）JERAに承継させたため，第96期以降に係る経営指標等については，第95期と比較し変動している。

(point) **景気回復による電力需要の増加で増収が続く**

2010年度から4年連続で売上高が増加している。節電が定着しつつあることによる売上減少要因はあるものの，ここ数年の景気回復等に伴い各製造業も生産量を増加させており，これに伴い産業用の販売電力量が1.4%増加した。販売電力量のうち産業用が最も大きい割合を占めていることから，全体としては売上増加となった。

（2）　提出会社の経営指標等 ···

回次		第95期	第96期	第97期	第98期	第99期
決算年月		2019年3月	2020年3月	2021年3月	2022年3月	2023年3月
売上高（営業収益）	（百万円）	2,743,024	2,719,087	239,615	232,513	224,902
経常利益	（百万円）	89,033	98,162	30,650	86,083	8,137
当期純利益	（百万円）	66,024	62,168	13,560	82,666	26,100
資本金 （発行済株式総数）	（百万円） （千株）	430,777 (758,000)	430,777 (758,000)	430,777 (758,000)	430,777 (758,000)	430,777 (758,000)
純資産	（百万円）	1,480,006	1,507,601	1,489,714	1,536,446	1,493,688
総資産	（百万円）	5,402,856	4,782,377	4,354,934	4,525,817	4,648,323
1株当たり純資産	（円）	1,955.81	1,993.06	1,969.86	2,031.73	1,975.19
1株当たり配当額 （内1株当たり中間配当額）	（円） （円）	45.00 (20.00)	50.00 (25.00)	50.00 (25.00)	50.00 (25.00)	50.00 (25.00)
1株当たり当期純利益	（円）	87.25	82.18	17.93	109.31	34.51
潜在株式調整後 1株当たり当期純利益	（円）	—	—	—	—	—
自己資本比率	（%）	27.4	31.5	34.2	33.9	32.1
自己資本利益率	（%）	4.5	4.2	0.9	5.5	1.7
株価収益率	（倍）	19.81	18.55	79.48	11.55	40.54
配当性向	（%）	51.6	60.8	278.9	45.7	144.9
従業員数	（人）	16,086	14,363	3,092	3,127	3,153
株主総利回り （比較指標： TOPIX（配当込み））	（%） （%）	118.0 (95.0)	107.8 (85.9)	104.5 (122.1)	97.0 (124.6)	109.4 (131.8)
最高株価	（円）	1,828.0	1,773.0	1,562.5	1,430.0	1,461.0
最低株価	（円）	1,505.5	1,242.5	1,166.5	1,112.0	1,178.0

（注）　1　当社は，業績連動型株式報酬制度「株式給付信託（BBT）」を導入しており，第96期以降の1株当
たり純資産の算定上，「株式給付信託（BBT）」に係る信託口が保有する当社株式を期末発行済株式
総数の計算において控除する自己株式に含めている。また，第96期以降の1株当たり当期純利益の
算定上，「株式給付信託（BBT）」に係る信託口が保有する当社株式を期中平均株式数の計算におい
て控除する自己株式に含めている。

　　　　2　潜在株式調整後1株当たり当期純利益については，潜在株式が存在しないため記載していない。

　　　　3　最高及び最低株価は，2022年4月3日以前は東京証券取引所市場第一部におけるものであり，2022
年4月4日以降は東京証券取引所プライム市場におけるものである。

　　　　4　2019年4月1日付で，当社の火力発電事業等を（株）JERAに承継させたため，第96期に係る経営
指標等については，第95期と比較し変動している。また，2020年4月1日付で，当社の一般送配電
事業等を中部電力パワーグリッド（株）に，小売電気事業等を中部電力ミライズ（株）に承継させた

(point) 沿革

　どのように創業したかという経緯から現在までの会社の歴史を年表で知ることができ
る。過去に行った重要なM＆Aなどがいつ行われたのか，ブランド名はいつから使われ
ているのか，いつ頃から海外進出を始めたのか，など確認することができて便利だ。

ため，第97期以降に係る経営指標等については，第96期と比較し変動している。

2 沿革

1951年5月	・電気事業再編成令により，中部配電株式会社及び日本発送電株式会社から設備の出資及び譲渡を受け，設立
1951年8月	・東京・名古屋・大阪の各証券取引所に上場
〃	・中部計器工業（株）（現・連結子会社）を設立
1953年6月	・中電興業（株）（現・連結子会社）を設立
1955年3月	・日本耐火防腐（株）（現・連結子会社）の株式を取得し子会社化
1957年4月	・永楽不動産（株）（現・連結子会社）を設立
1957年10月	・永楽自動車（株）（現・連結子会社）を設立
1960年6月	・中電ビル（株）を設立
1961年11月	・中部火力工事（株）（現・連結子会社）を設立
1962年3月	・中電工事（株）（現・連結子会社）を設立
1978年8月	・中部環境エンジニアリング（株）（現・連結子会社）を設立
〃	・中電コンピューターサービス（株）を設立
1981年7月	・日本耐火防腐（株）が，（株）ニッタイに商号変更
1983年11月	・中部火力工事（株）が，（株）中部プラントサービスに商号変更
1988年4月	・中部環境エンジニアリング（株）が，（株）中部環境緑化センターを吸収合併，（株）中部環境テックに商号変更
1988年7月	・永楽不動産（株）が，（株）永楽開発に商号変更
1989年6月	・（株）コンピュータ・テクノロジー・インテグレイタ（現・連結子会社）を設立
1990年10月	・（株）中部環境テックが，中部ポートサービス（株）を吸収合併，（株）テクノ中部に商号変更
1993年12月	・中電興業（株）が，中興電機（株）を吸収合併
1997年9月	・中電ビル（株）が，（株）電気文化会館と電気ビル（株）を吸収合併
1999年4月	・中電工事（株）が，（株）シーテックに商号変更
1999年7月	・（株）コンピュータ・テクノロジー・インテグレイタが，（株）シーティーアイに商号変更
2001年4月	・（株）シーエナジー（現・連結子会社）を設立
2001年10月	・中部計器工業（株）が，中部精機（株）を吸収合併，中部精機（株）に商号変更
2002年10月	・中電ビル（株）が，（株）アスパックを吸収合併

(point) **事業の内容**

　会社の事業がどのようにセグメント分けされているか，そして各セグメントではどのようなビジネスを行っているかなどの説明がある。また最後に事業の系統図が載せてあり，本社，取引先，国内外子会社の製品・サービスや部品の流れが分かる。ただセグメントが多いコングロマリットをすぐに理解するのは簡単ではない。

2003年10月	・(株) シーティーアイが，中電コンピューターサービス (株) を吸収合併，(株) 中電シーティーアイに商号変更
〃	・(株) シーテック，(株) ニッタイ他1社が，中電静岡工営 (株) 及び中電長野工営 (株) の業務の一部を吸収分割により承継。(株) 永楽開発が，それ以外の業務を承継し，中電静岡工営 (株) 及び中電長野工営 (株) を吸収合併
2006年10月	・(株) 永楽開発が，(株) 中部グリーナリ及び中電ビル (株) を吸収合併，中電不動産 (株) に商号変更
〃	・(株) ニッタイが，(株) 永楽開発の業務の一部を吸収分割により承継，中電配電サポート (株) に商号変更
2007年3月	・(株) トーエネック (現・連結子会社) 株式に対する公開買付けにより，同社を子会社化。これにより，同社の連結子会社である (株) トーエネックサービス (現・連結子会社) はじめ6社を子会社化
2008年10月	・永楽自動車 (株) が，(株) トーエネックサービスの業務の一部を吸収分割により承継，(株) 中電オートリースに商号変更
2012年4月	・(株) シーエナジーが，(株) エル・エヌ・ジー中部を吸収合併
2013年10月	・ダイヤモンドパワー (株) (現・連結子会社) の株式を取得し子会社化
2015年4月	・(株) JERA (現・持分法適用関連会社) を設立
2015年10月	・(株) JERAが，当社の燃料輸送事業及び燃料トレーディング事業を吸収分割により承継
2016年2月	・(株) トーエネックが，旭シンクロテック (株) (現・連結子会社) の株式を取得し子会社化
2016年7月	・(株) JERAが，当社の既存燃料事業 (上流・調達)，既存海外発電・エネルギーインフラ事業及び株式会社常陸那珂ジェネレーションの実施する火力発電所のリプレース・新設事業を吸収分割により承継
2017年4月	・(株) シーエナジーが，CEPO半田バイオマス発電 (株) (現・連結子会社) を設立
2019年4月	・(株) JERAが，当社の燃料受入・貯蔵・送ガス事業及び既存火力発電事業等を吸収分割により承継
〃	・中部電力送配電事業分割準備 (株) (現・連結子会社「中部電力パワーグリッド (株) (2020年4月商号変更)」) 及び中部電力小売電気事業分割準備 (株) (現・連結子会社「中部電力ミライズ (株) (2020年4月商号変更)」) を設立
2020年4月	・中部電力パワーグリッド (株) が，当社の一般送配電事業等を承継〃中部電力ミライズ (株) が，当社の小売電気事業等を承継
2021年4月	・(株) 日本エスコン (現・連結子会社) の第三者割当増資を引き受け，同社を子会社化。これにより，同社の子会社10社を子会社化
2021年10月	・(株) 日本エスコンが，(株) ピカソ (現・連結子会社) 及びグループ7社の株式を取得し子会社化

(point) **赤字決算が続き株価収益率は算出不能に**

　株価収益率(=株価÷1株当たり利益，PER)とは，株価が割高か割安かを図る指標であり，この値が低いほど割安であると判断できる。平成24年3月期より赤字転落となったために，この指標の数値も記載されていないが，この頃から原子力発電所稼働停止とともに業績が悪化，同時に株価も低迷していっている。

| 2022年 4 月 | ・中電興業（株）が，中電クラビス（株）に商号変更 |

3　事業の内容

　当社グループは，当社，子会社62社及び関連会社72社（2023年3月31日現在）で構成され，電気やガスなどを供給するエネルギー事業をコア領域として，国内事業で培ったノウハウを活かした海外エネルギー事業，電気事業に関連する設備の拡充や保全のための建設，資機材供給のための製造，不動産事業及び医療・健康といった生活関連事業など，さまざまな事業を展開している。

　当社は，2019年4月1日付で，燃料受入・貯蔵・送ガス事業及び既存火力発電事業等を吸収分割により（株）JERAに承継させ，2020年4月1日付で，当社が営む小売電気事業等を中部電力ミライズ（株）に，一般送配電事業等を中部電力パワーグリッド（株）に，権利義務を承継させた。

　この体制の下，「ミライズ」，「パワーグリッド」，「JERA」の3つを報告セグメントとしている。

［ミライズ］

　電力・ガスの販売と各種サービスの提供

［パワーグリッド］

　電力ネットワークサービスの提供

［JERA］

　燃料上流・調達から発電，電力・ガスの販売

当社及び関係会社の事業を「事業系統図」として示すと以下のとおりである。

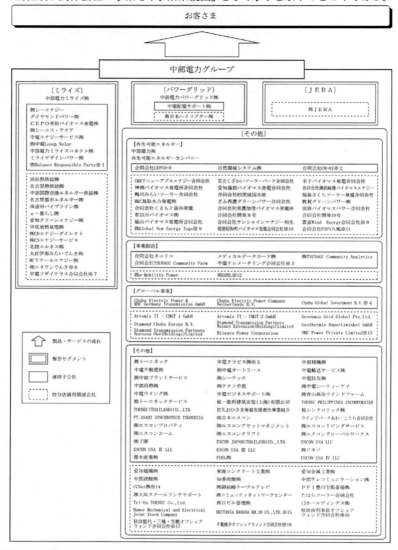

(point) **関係会社の状況**

主に子会社のリストであり、事業内容や親会社との関係についての説明がされている。特に製造業の場合などは子会社の数が多く、すべてを把握することは難しいが、重要な役割を担っている子会社も多くある。有報の他の項目では一度も触れられていない場合が多いので、気になる会社については個別に調べておくことが望ましい。

※1　Balance Responsible Partyは，出資により，新たに連結の範囲に含めている。

※2　合同会社CR-01は，出資により，新たに連結の範囲に含めている。

※3　中電テレメータリング合同会社は，出資により，新たに連結の範囲に含めている。

※4　Chubu Electric Power Company Rupertiwinkel B.V.は，Chubu Global Investment B.V.に商号変更している。

※5　中電興業（株）は，中電クラビス（株）に商号変更している。

※6　（株）エネワンでんきは，出資により，新たに持分法の適用範囲に含めている。

※7　中電ソザイテラス合同会社は，出資により，新たに持分法の適用範囲に含めている。

※8　豊富Wind Energy合同会社は，出資により，新たに持分法の適用範囲に含めている。

※9　（株）Global NewEnergy Togoは，出資により，新たに持分法の適用範囲に含めている。

※10　境港昭和町バイオマス発電合同会社は，出資により，新たに持分法の適用範囲に含めている。

※11　合同会社FSPS八風は，出資により，新たに持分法の適用範囲に含めている。

※12　（株）GDBLは，出資により，新たに持分法の適用範囲に含めている。

※13　OMC Power Private Limitedは，出資により，新たに持分法の適用範囲に含めている。

※14　中部ケーブルネットワーク（株）は，CCNet（株）に商号変更している。

※15　BRITANIA BANGNA KM.39 CO.,LTD.は，出資により，新たに持分法の適用範囲に含めている。

※16　秋田由利本荘オフショアウィンド合同会社は，出資により，新たに持分法の適用範囲に含めている。

※17　秋田能代・三種・男鹿オフショアウィンド合同会社は，出資により，新たに持分法の適用範囲に含めている。

※18　千葉銚子オフショアウィンド合同会社は，出資により，新たに持分法の適用範囲に含めている。

※19　ヴィーナスコーポレーション（株），（株）キュービック，（株）サンタ，平野物産（株），（株）Aria，有限会社栄角は，（株）ピカソを存続会社とする吸収合併に伴う消滅により，連結の範囲から除外している。

※20　トヨタグリーンエナジー有限責任事業組合は，清算結了により，持分法の適用範囲から除外している。

※21　合同会社フリートEVイニシアティブは，清算結了により，持分法の適用範囲から除外している。

※22　グリッドデータバンク・ラボ有限責任事業組合は，清算結了により，持分法の適用範囲から除外している。

※23　ORIGIN KNIGHTSBRIDGE THEPHARAK CO.,LTD.は，株式譲渡により，持分法の適用範囲から除外している。

(point) 従業員の状況

主力セグメントや，これまで会社を支えてきたセグメントの人数が多い傾向があるのは当然のことだろう。上場している大企業であれば平均年齢は40歳前後だ。また労働組合の状況にページが割かれている場合がある。その情報を載せている背景として，労働組合の力が強く，人数を削減しにくい企業体質だということを意味している。

4　関係会社の状況

（連結子会社）

名称	住所	資本金 (百万円)	主要な事業 の内容	議決権 の所有 割合 (%)	関係内容
セグメント：ミライズ					
中部電力ミライズ株式会社 (注)2，3	名古屋市東区	4,000	小売電気事業等	100.0	当社からの電力の購入 役員の兼任等……有
株式会社シーエナジー	名古屋市東区	7,600	液化天然ガスの販売及びエネル ギー設備の設計・運転・メンテ ナンス等の総合エネルギー事業	100.0 (100.0)	— 役員の兼任等……有
ダイヤモンドパワー株式会社	東京都中央区	120	小売電気事業	100.0 (100.0)	— 役員の兼任等……有
CEPO半田バイオマス発電株式会社	愛知県半田市	499	バイオマス発電事業	90.0 (90.0)	— 役員の兼任等……有
セグメント：パワーグリッド					
中部電力パワーグリッド株式会社 (注)2，3	名古屋市東区	40,000	一般送配電事業等	100.0	当社との資金貸借取引 役員の兼任等……有
中電配電サポート株式会社	名古屋市東区	30	配電に関する支障樹木の伐採関 連業務・用地業務等	100.0 (100.0)	— 役員の兼任等……無
セグメント：その他					
株式会社トーエネック　(注)4	名古屋市中区	7,680	屋内線・配電線工事及び電気通 信工事	51.9	— 役員の兼任等……有
中電クラビス株式会社	名古屋市中区	25	電柱広告，リース，損害保険代理 及び印刷	100.0 (14.3)	当社への情報機器等のリース及び当社 展示館の運営の受託 役員の兼任等……有
中部精機株式会社	愛知県春日井市	68	電気計器の製造・整備・修理及 び検定代弁	81.8	— 役員の兼任等……有
中電不動産株式会社	名古屋市中区	100	不動産の販売・賃貸及び管理	100.0	当社への不動産の賃貸及び当社施設の 管理の受託 役員の兼任等……有
株式会社中電オートリース	名古屋市南区	100	自動車のリース・整備・修理及 び部品の販売	100.0	当社への自動車のリース・部品の販売 及び当社の自動車の整備・修理の受託 役員の兼任等……有
株式会社中部プラントサービス	名古屋市熱田区	240	火力・原子力発電所の保修工事	100.0 (20.0)	当社の原子力発電所の保修工事の受託 役員の兼任等……有
株式会社シーテック	名古屋市緑区	720	送電線・変電所・水力発電所等 の工事及び電気通信工事	100.0 (32.3)	当社の水力発電所等の工事の受託 役員の兼任等……有
株式会社テクノ中部	名古屋市港区	120	発電関連設備の運転・保守・管 理及び環境関連事業	100.0	当社の原子力発電所関連設備の運転・ 保守・管理及び環境関連事業の受託 役員の兼任等……有
株式会社中電シーティーアイ	名古屋市東区	100	情報処理サービス並びにソフト ウェアの開発及び保守	100.0	当社の情報処理並びにソフトウェア開 発及び保守の受託 役員の兼任等……有
株式会社トーエネックサービス	名古屋市中区	100	配電設備工事周辺業務及び電気 工事等	100.0 (100.0)	— 役員の兼任等……有
旭シンクロテック株式会社	東京都港区	40	プラント配管工事及び空調・衛 生設備工事	100.0 (100.0)	— 役員の兼任等……無
株式会社日本エスコン　(注)4	東京都港区	16,519	不動産の販売・賃貸及び企画仲 介コンサル事業	51.3	当社グループの不動産事業強化に向け た資本業務提携 役員の兼任等……有
株式会社ピカソ	大阪市中央区	90	不動産の賃貸事業	100.0 (100.0)	— 役員の兼任等……無
その他43社					

名称	住所	資本金 (百万円)	主要な事業 の内容	議決権の 所有割合 (%)	関係内容
セグメント：ミライズ					
株式会社ＣＤエナジーダイレクト	東京都中央区	1,750	小売電気事業等	50.0 (50.0)	— 役員の兼任等……有
セグメント：パワーグリッド					
新日本ヘリコプター株式会社	東京都江東区	250	ヘリコプターによる送電線巡視， 送電線工事資材輸送及び調査	50.0 (50.0)	— 役員の兼任等……無
セグメント：ＪＥＲＡ					
株式会社ＪＥＲＡ　　（注）4，5	—	—	—	—	—
セグメント：その他					
愛知電機株式会社　　　　（注）4	愛知県春日井市	4,053	電気機械器具の製造・販売及び 修理	24.6	— 役員の兼任等……有
東海コンクリート工業株式会社	三重県いなべ市	300	コンクリートポール・同パイル 及びその他セメント二次製品の 生産・販売	30.9 (4.1)	— 役員の兼任等……有
中部テレコミュニケーション 株式会社	名古屋市中区	38,816	電気通信サービス及び電気通信 機器の賃貸等サービス	19.5	当社への電気通信サービスの提供 役員の兼任等……有
Artemis II - CMGT 1 GmbH	ドイツ ハンブルク	25 千ユーロ	ドイツ海底送電事業への投資	49.0 (49.0)	— 役員の兼任等……有
Artemis II - CMGT 2 GmbH	ドイツ ハンブルク	25 千ユーロ	ドイツ海底送電事業への投資	49.0 (49.0)	— 役員の兼任等……有
Diamond Chubu Europe B.V.	オランダ アムステルダム	1 ユーロ	オランダ総合エネルギー事業会社 への投資	20.0 (20.0)	— 役員の兼任等……有
Bitexco Power Corporation	ベトナム ハノイ	22,441 億ドン	ベトナム水力発電事業等	20.0 (20.0)	— 役員の兼任等……有
その他62社					

(注) 1　議決権の所有割合の（　）内は，間接所有割合で内数を記載している。

　　 2　特定子会社に該当している。

　　 3　中部電力ミライズ株式会社及び中部電力パワーグリッド株式会社については，売上高（連結会社相互間の内部売上高を除く）の連結売上高に占める割合が100分の10を超えているが，セグメント情報の売上高に占める当該連結子会社の売上高の割合（セグメント間の内部売上高又は振替高を含む）が100分の90を超えるため，主要な損益情報等の記載を省略している。

　　 4　有価証券報告書を提出している。

　　 5　株式会社ＪＥＲＡの状況については，「第5　経理の状況　1　連結財務諸表等　(1)連結財務諸表注記事項関連当事者情報」において記載しているため，記載を省略している。

（point）**業績等の概要**

　この項目では今期の売上や営業利益などの業績がどうだったのか，収益が伸びたあるいは減少した理由は何か，そして伸ばすためにどんなことを行ったかということがセグメントごとに分かる。現在，会社がどのようなビジネスを行っているのか最も分かりやすい箇所だと言える。

5 従業員の状況

（1） 連結会社の状況 ······································

2023年3月31日現在

セグメントの名称	従業員数(人)
ミライズ	1,576
パワーグリッド	10,176
その他	16,615
合計	28,367

（注） 従業員数は就業人員数（当社グループから当社グループ外への出向者，休職者等を除き，当社グループ外から当社グループへの出向者等を含む）を記載している。

（2） 提出会社の状況 ······································

2023年3月31日現在

従業員数(人)	平均年齢(歳)	平均勤続年数(年)	平均年間給与(円)
3,153	43.8	21.5	8,510,946

（注）1 当社に報告セグメントを構成する事業セグメントが存在しないため，セグメント別の記載を省略している。

2 従業員数は就業人員数（当社から他社への出向者，休職者等を除き，他社から当社への出向者等を含む）を記載している。

3 シニア社員等（定年後再雇用者），一般嘱託員等は従業員数に含め，執行役員及び執行役員待遇は従業員数に含めていない。

4 平均年齢及び平均勤続年数には，他社から当社への出向者等を含めていない。

5 平均年間給与には，賞与及び基準外賃金を含めている。

(point) **電気料金値上げ認可で業績改善に期待**

　経営の効率化により原価の圧縮を図ってきたが，燃料費の上昇の影響が大きいために，原価を収入が下回ってしまっていた。安定的に電力が供給されるようにするためには，電力会社の経営を継続させる必要があることから，電気料金の値上げが認められたものである。今回の値上げにより，来年度からの業績改善が予想されている。

（3）提出会社及び連結子会社における管理職に占める女性労働者の割合等 ……

提出会社及び連結子会社	管理職に占める女性労働者の割合(%)	男性労働者の育児休業取得率(%)(注)1	労働者の男女の賃金の格差(%)(注)2			補足説明
			全労働者	正規雇用労働者	パート・有期労働者	
中部電力株式会社	4.4	91.6	65.1	70.2	40.1	(注)3，4
中部電力ミライズ株式会社	6.8	89.3	64.3	70.2	57.7	(注)3，4
中部電力パワーグリッド株式会社	4.4	93.4	59.1	76.1	47.6	(注)3，4
株式会社トーエネック	2.3	88.6	66.9	82.1	50.4	
中電クラビス株式会社	19.8	50.0	65.4	71.5	100.1	
中部精機株式会社	0.9	100.0	66.8	70.0	45.9	(注)5
中電配電サポート株式会社	1.8	77.8	60.0	70.0	49.6	
中電不動産株式会社	3.1	75.0	59.9	75.6	84.1	
株式会社中部プラントサービス	0.7	※ 37.0	73.9	76.1	50.8	
株式会社シーテック	0.6	93.5	74.5	73.6	56.8	
中電防災株式会社	0.0	100.0	64.8	78.9	66.1	
株式会社テクノ中部	3.6	100.0	73.2	78.0	57.2	
株式会社中電シーティーアイ	4.7	92.3	73.5	73.7	64.0	
株式会社トーエネックサービス	1.9	0.0	71.1	92.6	51.9	
旭シンクロテック株式会社	6.1	66.7	65.8	72.8	39.0	

(注) 1　男性労働者の育児休業取得率は，「育児休業，介護休業等育児又は家族介護を行う労働者の福祉に
　　　　関する法律施行規則」における「育児休業等と育児目的休暇の取得割合」を算出したものであり，
　　　　※は，同施行規則における「育児休業等の取得割合」を算出している。
　　　2　労働者の男女の賃金格差の対象期間は，2022年度（2022年4月から2023年3月まで）であり，賃金は，
　　　　賞与及び基準外賃金を含み，退職金，通勤手当等は除いている。なお，男女の賃金の差異を比較す
　　　　る指標「平均年間賃金」（総賃金／人員数）を算出するための「人員数」は，育児短縮勤務者などの
　　　　フルタイム勤務者以外も労働時間に応じた換算を行わず1名としてカウントしている。
　　　3　中部電力株式会社，中部電力ミライズ株式会社，中部電力パワーグリッド株式会社の3社における
　　　　管理職に占める女性労働者の割合は4.7%，男性労働者の育児休業取得率は92.6%である。

🔵 *point* 火力発電用燃料費の増加で3期連続赤字決算

　2011年度より，3年連続で赤字が続いている。2011年に中部電力管轄の浜岡原子力
発電所の運転が停止したことにより，火力発電への依存度が高まった。このため，燃
料費が増加し，業績を圧迫するようになった。同業他社も同様の傾向である。なお，
来年度は電力値上げが行われることから，利益が大きく改善することを見込んでいる。

4　区分「正規雇用労働者」及び「パート・有期労働者」の状況は，以下のとおりである。

提出会社及び連結子会社	正規雇用労働者								パート・有期労働者	
	平均人員数（人）		平均年齢（歳）		平均勤続年数（年）		平均年間時間外実績（時間）		平均人員数 ()は時間給制適用者数（人）	
	男性	女性	男性	女性	男性	女性	男性	女性	男性	女性
中部電力株式会社	2,583	357	43.1	39.5	21.6	16.8	308.6	188.3	247(2)	68(57)
中部電力ミライズ株式会社	857	259	43.3	39.7	20.8	18.3	355.0	216.6	70(0)	66(54)
中部電力パワーグリッド株式会社	8,047	1,124	40.8	40.5	21.1	19.6	312.2	175.5	536(12)	643(579)

5　雇用管理区分別の男性労働者の育児休業取得率は次のとおりである。

正規雇用労働者：100％，パート・有期労働者：対象者なし

（4）　労働組合の状況 ···

労働組合との間には，特記するような事項はない

◓ point 生産及び販売の状況

生産高よりも販売高の金額の方が大きい場合は，作った分よりも売れていることを意味するので，景気が良い，あるいは会社のビジネスがうまくいっていると言えるケースが多い。逆に販売額の方が小さい場合は製品が売れなく，在庫が増えて景気が悪くなっていると言える場合がある。

1 経営方針，経営環境及び対処すべき課題等

　文中における将来に関する事項は，有価証券報告書提出日（2023年6月29日）現在において判断したものである。

（1） 会社の経営の基本方針 ‥‥‥‥‥‥‥‥‥‥‥‥‥‥‥‥‥‥‥‥‥‥

　「くらしに欠かせないエネルギーをお届けし，社会の発展に貢献する」という当社グループの企業理念を実践していくために，「中部電力グループ経営ビジョン2.0」を掲げております。

　新型コロナウイルスの感染拡大を契機として，暮らしや働き方などの新しい生活様式の浸透とともに，DX（デジタルトランスフォーメーション）や脱炭素への取り組みの進展により，社会構造そのものが大きく変容しております。とりわけ，2050年カーボンニュートラル実現を見据え，GX（グリーントランスフォーメーション）実現に向けた基本方針が閣議決定されるなど，エネルギー事業を取り巻く環境は大きな転換点を迎えております。2018年3月に制定した経営ビジョンに掲げた，「一歩先を行く総合エネルギー企業グループ」を目指す当社グループの行動姿勢は，変わるものではありませんが，こうした事業環境の激変を新たなビジネスチャンスと捉え，2050年の社会像を見据えて果敢にチャレンジしてまいります。まちづくりへの貢献，資源循環などの地域インフラ事業による脱炭素・循環型社会の構築，医療・健康といった生活関連事業の拡大などを通じて，「新しいコミュニティの形」の提供を加速し，2050年に向け，「安心・安全で強靭な暮らしやすい社会」の実現に貢献してまいります。2030年に向けては，2050年に実現すべき社会像からのバックキャストに基づき，取り組みを加速し，「2030年には連結経常利益2,500億円以上」及び「国内エネルギー事業と新しい成長分野や海外事業などの事業ポートフォリオの比率1：1」を目指すこととしております。

　当社グループは，この経営ビジョンのもと，お客さまや社会が求める価値を起点に新たなサービスを創出し，エネルギーとともにお届けするビジネスモデルへの変革に，当社グループの人財一人ひとりが取り組み，2050年に向けて持続的

(point) **東京電力と包括的提携で合意**

　2014年度において，中部電力と東京電力は燃料上流，調達から老朽発電所のリプレース，発電所の新設など，火力発電の全行程に関する包括的な提携をすることで合意した。これにより，中部電力は，東京電力と共同で燃料調達を行うことで燃料価格を割安に抑える効果や，より効果的に東日本へ電力を販売できることを期待している。

に成長してまいります。

　また，脱炭素社会への貢献，社会課題の解決，大規模災害時における事業継続，コンプライアンス経営の徹底など，ESG（環境・社会・ガバナンス）の観点を踏まえた事業経営を深化させることで，SDGs（持続可能な開発目標）の達成に貢献し，持続的な成長と企業価値の向上に努めてまいります。

　今後とも，お客さまや株主・投資家のみなさまに信頼，選択されるよう努め，地域社会の発展にも貢献してまいる所存です。

（2）　目標とする経営指標 ··

　2022年4月，中期経営目標として「2025年度に連結経常利益1,800億円以上，ROIC3.0％以上」を設定いたしました。当社グループは，この目標の達成に向け，グループ一丸となって様々な取り組みを進めてまいります。

（3）　中長期的な会社の経営戦略・会社の対処すべき課題 ··················

　当社は，2020年4月から，送配電部門を中部電力パワーグリッド，販売部門を中部電力ミライズにそれぞれ分社し，これらにJERAを加えた3つの事業会社を核とする体制といたしました。パワーグリッドにおいては，一層の中立性・公平性を図るとともに，ミライズ・JERAにおいては，それぞれの市場，お客さまと向き合い，より強靭な企業グループへの成長を目指してまいります。

　このような事業体制のもと，以下の課題への対応をはじめ，グループを挙げてエネルギーの安定供給に努めるとともに，お客さまの期待を超えるサービスを実現・提供することにより，中部電力グループ全体の持続的成長と企業価値の向上を果たしてまいります。

（安全・安価で安定的なエネルギーのお届け）

　資源価格のボラティリティの激しさや，為替変動によって，エネルギー市場の不確実性が高まり，不安定な事業環境が継続しております。当社グループとして，あらゆるコストダウンに取り組んできましたが，経営努力だけでは対応できず，お客さまに安定して電気をお届けするため，2023年4月より特別高圧電力及び

(point) LNGによる発電割合が増加

　年々，LNGによる発電電力量が増加してきている。原子力発電所の稼働が停止し，火力発電所の稼働が必要とされている中，LNGは比較的クリーンな燃料であるとして重宝されている。太陽光や風力といった新エネルギーの発電電力量の割合は1％程度と，現状は，世間から注目されているほど大きな割合は占めていない。

高圧電力の標準メニューの見直しを実施いたしました。引き続き徹底した経営効率化に取り組むとともに，いかなる状況においても，バリューチェーン全体で良質なエネルギーを安全・安価で安定的にお届けするという「変わらぬ使命」をグループ一丸となって完遂してまいります。

　このため，燃料調達の安定化を図るとともに，電源調達ポートフォリオの見直しや，電力先物，燃料先物取引などのヘッジ手法を適切に組み合わせてまいります。さらに，お客さまに電気を効率的にご利用いただくデマンドレスポンスの活用などのサービス拡充にも取り組んでまいります。

　自然災害の激甚化や送配電設備の高経年化など，レジリエンス向上の取り組みもより一層重要となっております。引き続き，設備のメンテナンスを確実に行いつつ，中長期的な視点から，高経年化設備の更新を計画的に進めてまいります。

　また，太陽光発電をはじめとした自然変動電源が大量導入され，需要の増加と太陽光発電量などの低下が重なる冬季に需給ひっ迫が生じやすくなっております。この課題に対し，休止火力発電所の再稼働などを通じ，追加供給力の確保などに取り組むとともに，他の一般送配電事業者との連携も含めた日々の系統運用・需給調整により，周波数や電圧を適切に維持し，中部エリアの安定供給に努めつつ，全国の安定供給にも寄与してまいります。

　なお，不透明な環境が継続する状況ではありますが，物価高騰等によりお客さまが大変厳しい状況にあることを踏まえ，足元における資源価格の下落などに，当社グループ全体で取り組んでいるコストダウンなどの経営努力を加え，2023年6月から10月にかけて電気料金の負担軽減をはじめとした施策を実施いたします。

（浜岡原子力発電所の再稼働に向けた取り組み）

　浜岡原子力発電所については，「福島第一原子力発電所のような事故を二度と起こさない」という固い決意のもと，安全性向上対策を進めております。3・4号機については，原子力規制委員会による新規制基準への適合性確認審査を受けており，基準地震動・基準津波の確定に向けて着実に進捗しております。これらが概ね確定した後は，プラント関係審査に対応していくとともに，これらにもとづき安全性向上対策の有効性をはじめ浜岡原子力発電所の安全性に係る理解活動を

(point) **対処すべき課題**

　有報のなかで最も重要であり注目すべき項目。今，事業のなかで何かしら問題があればそれに対してどんな対策があるのか，上手くいっている部分をどう伸ばしていくのかなどの重要なヒントを得ることができる。また今後の成長に向けた技術開発の方向性や，新規事業の戦略ついての理解を深めることができる。

実施してまいります。

　エネルギー資源の乏しいわが国において，化石燃料価格の変動や地球温暖化という課題に対処しつつ，将来にわたり安定的にエネルギーを確保していくためには，原子力を引き続き重要な電源として活用することが不可欠であると考えております。

　今後も，新規制基準への適合性確認を早期にいただけるよう最大限努力するとともに，地域のみなさまのご理解をいただけるようコミュニケーションを図り，安全確保を大前提に浜岡原子力発電所の再稼働に向けて取り組んでまいります。

（脱炭素社会実現に向けた取り組み）

　中部電力グループは，経営ビジョン2.0，ゼロエミチャレンジ2050及びJERAゼロエミッション2050にもとづき，再生可能エネルギーの拡大や，水素・アンモニアサプライチェーンの構築を含むゼロエミッション電源の追求などに取り組むとともに，社会・お客さまと一体となって進めるエネルギー利用の電化・脱炭素化を通じて，脱炭素社会の実現を目指しております。また，国の「GXリーグ基本構想」に賛同し，CO_2排出量削減に向けた取り組みを着実に進めてまいります。

　経営ビジョン2.0で掲げた「2030年頃に，保有・施工・保守を通じた再生可能エネルギーの320万kW（80億kWh）以上の拡大に貢献」という目標の達成に向け，短期的には太陽光発電，中期的には水力・バイオマス・陸上風力発電，長期的には洋上風力・地熱発電の開発・保有拡大を全国で積極的に推進してまいります。同時に，小規模分散が主体となる太陽光発電については，グループ会社による設備の保守・施工などに加えて，お客さまのお役立ちにつながる付加価値サービスを提供してまいります。

　また，他エリアとの電力融通の拡大に向けた設備増強に努めるなど，再生可能エネルギーの拡大に貢献してまいります。

（新しいコミュニティの形の創造に向けた取り組み）

　中部電力グループは，さまざまな領域で「つながることで広がる価値」を創出し，生活の質を向上させるサービスを充足させることで，地域社会やお客さまが求め

---

point **浜岡原子力発電所の再稼働を目指して**

　浜岡原子力発電所を再稼働させるためには，原子力規制委員会の交付した新規制基準をクリアしなくてはならない。4号機については，その審査を受けるための申請は提出済みである。この新規制基準に適合するためには津波や地震対策のための工事を行う必要があり，新たに工事費用がかかってくる。

る新たな価値の提供を目指してまいります。

　不動産事業につきましては，日本エスコン，中電不動産を中心にまちづくりに一層貢献するとともに，資源循環・上下水道・地域交通などといった地域インフラ事業については，さまざまなパートナーのみなさまと連携して脱炭素・循環型社会の構築を進めてまいります。また，医療・健康といった生活関連事業の拡大により，地域の健康寿命の延伸などに寄与してまいります。

　今後も，地域のみなさまやパートナーとの連携を大切にしながら，「新しいコミュニティの形」の創造に挑戦してまいります。

　当社及び中部電力ミライズは，2023年3月30日，中部地区等における特別高圧電力及び高圧電力の供給に関し，公正取引委員会から独占禁止法にもとづく課徴金納付命令等を受けました。本命令の内容については，当社と公正取引委員会との間で，事実認定及び法解釈に見解の相違があるため，取消訴訟を提起し，司法の判断を求めてまいります。

　また，託送業務で知り得たお客さま情報などの不適切な取り扱いにつきましては，公正な競争を阻害するおそれのあるものであり，大変重く受け止めております。本事案を受け，中部電力パワーグリッド及び中部電力ミライズにおいて，それぞれ原因の分析や再発防止策を策定するとともに，当社も加えた3社で，再発防止策の妥当性や実施状況を確認しております。

　中部電力グループは，従前より，企業の社会的責任を果たすため，CSR宣言にもとづき事業活動を進めており，そのことがESGの観点を踏まえた事業経営の深化や，SDGsの課題解決に貢献するものと考えております。今後とも，お客さまや社会からの信頼が事業運営の基盤であることを肝に銘じて，コンプライアンスを徹底することで，CSRを完遂してまいります。

2　サステナビリティに関する考え方及び取組

　当社はお客さま，そして社会とともに成長し続ける企業グループとして，エネルギーを基軸とした事業の総合力を発揮し，持続可能な社会の発展への貢献を目指している。このような事業活動のなかで，安全・安価で安定的なエネルギーを

---

point　事業等のリスク

　「対処すべき課題」の次に重要な項目。新規参入により長期的に価格競争が激しくなり企業の体力が奪われるようなことがあるため，その事業がどの程度参入障壁が高く安定したビジネスなのかなど考えるきっかけになる。また，規制や法律，訴訟なども企業によっては大きな問題になる可能性があるため，注意深く読む必要がある。

お届けするという変わらぬ使命を果たすとともに，気候変動をはじめとした地球環境への対応，自然災害等の危機管理，人的資本への投資などの戦略を実施している。加えて，これらを両立するガバナンス・リスク管理を実現していく。

　なお，文中における将来に関する事項は，有価証券報告書提出日（2023年6月29日）現在において判断したものである。

（1）　サステナビリティ全般に関する考え方及び取り組み ……………………

①　ガバナンス

　サステナビリティに関するガバナンスの体制は，「第4　提出会社の状況　4　コーポレート・ガバナンスの状況等（1）コーポレート・ガバナンスの概要②コーポレート・ガバナンス体制の状況」に記載している。

　なお，サステナビリティに関する方針，方向性等の審議，グループ全体の取り組みの定期的な報告のために，社長，副社長，カンパニー社長，本部長，統括等で構成するCSR推進会議を設置し，その結果は，必要に応じて，取締役会へ付議している。

　加えて，気候変動については，社長直属の機関であるゼロエミッション推進会議において，中部電力・事業会社及びJERAをはじめとしたグループ会社における超長期及び中長期的な気候変動に関する目標設定を行い，その目標達成に向けた行動計画を策定・評価している。

　また，人財戦略については，経営執行会議において取り組み方針や目標の設定を行い，今後モニタリングを行っていく。

②　リスク管理

　サステナビリティに関するリスク管理の体制は，「第4　提出会社の状況　4　コーポレート・ガバナンスの状況等（1）コーポレート・ガバナンスの概要③内部統制システムに関する基本的な考え方及びその整備状況　イ　リスク管理に関する体制」に記載している。その体制の中で把握した当社の経営に重大な影響を与える主要なリスク及びその対策については，「第2　事業等の状況　3　事業等のリスク」に記載している。

ⓟⓞⓘⓝⓣ 高効率火力発電を導入

　現在は，原子力発電設備の稼働が止まり，発電方法の中でも二酸化炭素排出量の多い火力発電に頼らざるを得なくなった状況である。そんな中，中部電力は，火力発電でもより熱効率の高い高効率コンバインドサイクル発電を導入し始めた。現在では，上越火力発電所2号機がその方法による火力発電で営業を行っている。

　当社グループは，持続可能な社会の発展に貢献するため，当社グループの行動規範であるCSR宣言に基づき事業活動を展開し，企業理念に定めた社会的使命を果たすことで，社会とともに成長していく。

　そのため，経営課題に対し，ステークホルダー及び当社グループ経営の視点から重要性評価・分類を行い，重要課題として整理し，重要課題をCSR推進会議，取締役会を経てマテリアリティ（重要課題）として特定のうえ，対応する指標・目標を定め，課題解決に優先的に取り組んでいる。

	マテリアリティ	リスク	機会	指標・目標［達成年度］	主な進捗（2022年度）
E 環境	お客さま・社会とともに進める脱炭素化[1]	・エネルギー政策の見直し	・脱炭素化への強い社会の要請	・CO2排出量削減　▲50%約3,250万t（2013年度比）［2030年度］ ・再生可能エネルギー拡大320万kW［2030年度］	・4,158万t（2021年度）（2013年度比約35%削減） ・約74万kW
	原子力発電の安全性向上・活用促進	・新規制基準適合性確認等の遅延	・GX実現に向けた基本方針	・浜岡原子力発電所の再稼動［早期］	・原子力規制委員会による新規制基準適合性にかかる審査会合の実施
	脱炭素社会に向けた次世代ネットワークの構築	・再生可能エネルギー大量接続に伴う需給の脆弱化等による安定供給への懸念	・脱炭素社会の実現に向けた再生可能エネルギー導入の活用	・地域別電力需要予測（DFES）を用いた設備計画策定［2023~2027年度］ ・コネクト＆マネジメント実現に向けた取り組みの推進［2023~2027年度］	・地域別電力需要予測（DFES）開発 ・左記、目標に対する取り組みを実施
S 社会	地域・社会への貢献[2]	・人口減少や経済成長の鈍化などに伴う地域コミュニティの脆弱化	・コミュニティ課題解決へのニーズの高まり	・お客さま、地域へ新たな価値のお届け［2023年度］	・（活動事例） 中電テレメータリング合同会社設立 フレイル予防サービス実施
	お客さま満足の追求	・関内他社との競争激化	・多種多様なサービスへのニーズの高まり	・お客様の声を反映した業務改善［毎年度］	・「お客様の暮らしを豊かにする新たなサービス」提供 ・DRサービス（NACHARGE） ・（中部電力ライフコネクト）くらしの近況お届けサービス「テラソテ」
	DXを活用した業務変革・新たな価値創出	・DXによる新たな働き方や先端技術への対応遅延	・デジタル技術を活用した業務の変革	・DX推進人財・キーパーソン730人［2023年度］	・500人
	人的資本への投資[3]	・事業環境の変化に伴う人的資産のありたい姿と現状のギャップの拡大 ・労働人口の減少に伴う人財獲得競争激化	・安定供給の進化・事業領域拡大に必要な多様な人材の活用	・エンゲージメントの向上［A］以上［2025年度］ ・男性育児休業取得率[5] 100%［2025年度］	・BBランク ・92.6%
	企業価値向上に向けたグローバル事業の展開	・海外の政治・経済情勢不安（カントリーリスクの増大）	・世界的な脱炭素事業への関心の高まり	・累積投資額4,000億円程度［2021~2030年度］利益200億円程度［2030年度］	・（活動事例） カナダ地熱開発企業へ出資
G ガバナンス	コンプライアンスの徹底[4]	・コンプライアンスに関する社会の信用の低下	・ステークホルダーの信頼獲得	・中部電力グループ一体でのコンプライアンス推進施策の実施［2030年度］	・コンプライアンスの徹底 ・CCO（チーフ・コンプライアンス・オフィサー）の設置 ・コンプライアンス推進体制の見直し
	グループ会社含むガバナンス・リスク管理の強化	・子会社等に起因するグループ全体の信頼低下 ・サイバー攻撃やIT統制の不備	・意思決定の公平性・透明性向上 ・経済安全保障への社会的期待の高まり	・取締役会実効性評価の確実な実施と継続的改善［毎年度］ ・サイバー攻撃における業務影響 0件［2023年度］	・社外取締役比率の向上 ・子会社における監査等委員会設置 ・サイバー攻撃における業務影響 0件
	レジリエンス・大規模災害対応力の強化	・自然災害の激甚化	・レジリエンス需要の高まり、安定供給ニーズの再認識 ・脱炭素地方供給モデル創出	・低圧電灯年間停電量（H生的要因）49MWh［2023年度］	・46.7MWh

※1　再生可能エネルギーの促進，脱炭素技術をはじめとした新技術の開発・社会実装，環境経営の実践含む。
※2　新しいコミュニティづくり，循環型社会の実現含む。
※3　多様な人財の確保・育成，安全・健康含む。
※4　腐敗防止，人権の尊重含む。
※5　「育児休業，介護休業等育児又は家族介護を行う労働者の福祉に関する法律施行規則」における「育児休業等と育児目的休暇の取得割合」を示す。
※6　CO2排出量のみ2021年度値を記載。2022年度実績は，2023年9月発行予定の中部電力グループレポート2023にて公表を予定。

🔍 point 電力自由化時代を見据えて事業を多角化

　中部電力は，電力自由化時代を勝ち抜いていくために，電力事業のみではなく通信事業などの新規事業にも出資している。2014年5月には定款を変更し，事業目的に広告事業や法人個人向けの各種サービス，会員向け優待サービスの提供及び斡旋等も追加した。これは，今後の事業展開に備えた事業目的の追加である。

（2） 脱炭素社会実現に向けた取り組み ···

　気候変動に伴う様々な変化を「機会」と捉え，企業価値向上に向けて積極的に取り組んでいる。こうした取り組みをステークホルダーの皆さまにお知らせするために，2019年5月に気候関連財務情報開示タスクフォース（TCFD）に賛同を表明し，TCFD提言に沿った開示を進めている。

　なお，気候変動対応におけるガバナンス，リスク管理については，「2　サステナビリティに関する考え方及び取組（1）サステナビリティ全般に関する考え方及び取り組み」に記載している。

①　戦略

　当社グループでは，カーボンニュートラル実現に向けた取り組みを「ゼロエミチャレンジ2050」としてとりまとめた。社会やお客さまとともに，エネルギーインフラの革新を通じて「脱炭素」と「安全・安定・効率性」の同時達成を目指していく。カーボンニュートラル実現に向けて，以下の取り組みを推進していく。

- ・再生可能エネルギー拡大目標（保有・施工・保守含む）2030年頃320万kW以上に向けた再エネ開発・保有
- ・安全性の向上と地域の皆さまの信頼を最優先にした浜岡原子力発電所の早期再稼働
- ・水素・アンモニアサプライチェーンの構築，アンモニア混焼技術の確立
- ・非効率石炭火力発電のフェードアウト，火力発電のさらなる高効率化
- ・再生可能エネルギー接続可能量の拡大に向けた電力系統設備・運用の高度化，需給運用の広域化
- ・「ミライズGreenでんき」をはじめとするCO$_2$フリーメニューの多様化
- ・イノベーションによる革新的技術実用化・採用

　また，国際エネルギー機関（IEA）などの公表データを参照し，「脱炭素社会への移行に関するリスク・機会」の評価にあたっては「1.5℃シナリオ」などを，異常気象など「物理的変化に関するリスク」の評価にあたっては「4℃シナリオ」を選定している。さらに，気候変動リスク・機会を事業戦略上の重要な要素と認識し，主要な項目について影響評価をし，取締役会等に報告したうえで事業

戦略に反映している。

選定シナリオ	1.5℃シナリオ	4℃シナリオ
参照	国際エネルギー機関（IEA）：Net Zero by 2050（NZEシナリオ），WEO2022（APSシナリオ），第6次エネルギー基本計画 等	気候変動に関する政府間パネル（IPCC）：IPCC第5次評価報告書（RCP8.5シナリオ）

	外部環境の変化	事業への影響	評価	影響時期※1 短/中/長	影響度※2	財務影響（年間影響額:億円）減益/利益/投資
移行リスクシナリオ	【政策】・排出削減目標引上げ・GX投資への政策支援・原子力政策見直し・カーボンプライシング等の規制措置強化	脱炭素化投資、化石燃料賦課金や排出量取引制度（有償オークション）等による操業コストの増加 火力発電資産の価値変化	リスク⇒機会	●●●	大（2030年）	◎脱炭素進展に伴い、炭素価格の漸次的上昇による火力発電の大幅なコスト増加リスクを想定。炭素価格の動向を見極め、各種脱炭素施策の時系列最適化を進める。※3 ◎火力発電は、供給力・調整力・慣性力の機能により、価値を創出。脱炭素に向けて、非効率石炭火力の停廃止、水素・アンモニアの導入により資産価値を維持向上。※4
	【技術】脱炭・低炭素技術の進展、イノベーションによる革新的技術実用化・再生可能エネルギー・火力発電の低炭素化（水素・アンモニア等）・原子力の安全性向上・エネルギーマネジメント（蓄電池）	浜岡原子力発電所稼働による電源調達費用削減効果 原子力発電所運転率維持継続	リスク⇒機会	●●	2,600程度（時期未定）	◎新規制基準適合性に係る審査を受けている段階のため、浜岡原子力発電所の稼働時期は未定。仮に現在、浜岡原子力発電所が再稼働した場合には、燃料費削減効果が期待される。
		再エネ大量導入に向けた投資による収益拡大	機会 ↗	●●	小（2030年）	◎国内の再エネ開発に対して、2021～2030年度に4,000億円程度を投資。
				●●	200程度（2030年）	◎グローバル事業（再エネ含）に対して、2021～2030年度に4,000億円程度を投資し、2030年度に200億円程度の利益を想定。
	【市場】お客さまの環境志向の高まり、脱炭素技術導入	脱炭素エネルギー利用のニーズ拡大、電化需要拡大	機会 ↗	●●	中（2030年）	◎GX移行債による補助も活用し、資源通観事業や、ミライズの付加価値サービス（省エネ等）等の新成長領域により利益貢献に努める。
物理的リスクシナリオ	【暴風雨】猛烈な台風等の増加 洪水・土砂災害の激甚化	設備対策コストの増加 復旧費用の増加	リスク ●	●●●	50程度～中（短～長期）	◎2018年度に発生した大型台風（21・24号）による被害額の実績値を参考に記載（過去5年間の最大被害実績額）。

※1 短期（1年）中期（5年）長期（6年～）
※2 「大」年間500億円以上　「中」年間100億円～500億円　「小」年間100億円未満
※3 炭素価格は複数の選定シナリオを考慮しつつ，短中期は非FIT非化石証書上限価格（1.3円/kWh），中長期はIEAシナリオ（APS，NZEシナリオ 2030年 $135～140/t-CO_2$など）を参考に試算すると，$CO_2$1,000万tにつき1,600億円程度の収支影響がある。
※4 火力発電資産のシナリオ分析の詳細については，JERAコーポレートコミュニケーションブックを参照。

② 指標及び目標

　当社グループは，「2050年までに事業全体のCO_2排出量ネット・ゼロに挑戦」し，脱炭素社会の実現に貢献していく。具体的には，「2030年までに，お客さまへ販売する電気由来のCO_2排出量を2013年度比で50%以上削減」していく。また，当社[1]が保有する「社有車を100%電動化[2・3]」していく。[4]

　なお，2021年度時点で，お客さまへ販売する電気由来のCO_2排出量を2013年度比で約35%削減している。

(point) **財政状態，経営成績及びキャッシュ・フローの状況の分析**

　「事業等の概要」の内容などをこの項目で詳しく説明している場合があるため，この項目も非常に重要。自社が事業を行っている市場は今後も成長するのか，それは世界のどの地域なのか，今社会の流れはどうなっていて，それに対して売上を伸ばすために何をしているのか，収益を左右する費用はなにか，などとても有益な情報が多い。

お客さまへ販売する電気由来のCO₂排出量と排出原単位

● CO₂排出量と排出原単位の推移・目標（調整後排出ベース）　　■ CO₂排出量　　● CO₂排出原単位

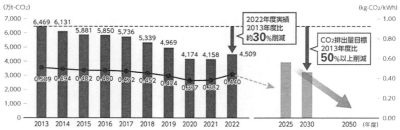

※1　中部電力，中部電力パワーグリッド，中部電力ミライズ

※2　電気自動車（EV），プラグインハイブリッド車（PHV），燃料電池車（FCV）等

※3　電動化に適さない緊急・工事用の特殊車両等を除く。2022年度末時点で，導入可能台数である3,200台のうち，280台の電動車導入が完了。

※4　当社はGXリーグの方針に賛同し，参画を通じてさらなる削減目標の設定・達成を実施していく。

（注）1　2023年6月末時点の目標であり，今後の制度設計などが変更された場合，目標値等を変更する場合がある。

　　　2　カーボンニュートラル実現に向けた取り組みの詳細については，「ゼロエミチャレンジ2050」を参照。

事業（サプライチェーン）全体の温室効果ガス排出量

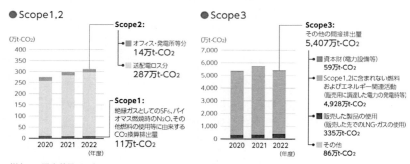

（注）1　温室効果ガスとは，CO₂，N₂O，SF₆をCO₂換算して表したもの。

　　　2　2019年度は中部電力個社の値，2020年度，2021年度は中部電力・中部電力パワーグリッド・中部電力ミライズ3社合計の値を記載。（中部電力は，2020年に，送配電事業を中部電力パワーグリッドに，販売事業を中部電力ミライズに分社。）

> (point) **赤字決算が続き財務基盤は弱体化**
>
> 　自己資本比率とは，総資産のうち返済の必要のない資本（自己資本）の割合である。この割合が高いと，財政基盤がより強固であるといえる。この指標についても3年連続で低下してしまっている。昨今の燃料費増加により業績が圧迫され，自己資本が減少，また資金調達の必要性が高まっていることから有利子負債が増加している。

（3）　人的資本・多様性に関する取り組み ·······················

①　戦略

当社グループは現在，お客さま・社会とともに歩んできた中部電力グループ70年の歴史の中でも，社会・暮らしそしてエネルギー業界を取り巻く環境は「激変」ともいえる大きな転換期に直面している。

この変化の中で，私たちは，エネルギーのお届けという変わらぬ使命の完遂と，事業環境の変化に対応した新たな価値の創出の同時達成を目指すこと，また，その実現に向けた，「人財一人ひとりの成長・活躍が企業価値そのもの」との基本的な考え方を経営ビジョン2.0に掲げた。

これを踏まえて当社が策定した人財戦略においては，多種多様な力を持つ人財を確保・育成し，そして人財一人ひとりが，その能力を思う存分発揮するための取り組みを2本の柱として具体化し，社員に約束している。

1本目の柱は，「多様な人財が活躍できる環境づくり」。「安全」や「健康」への取り組みは，企業経営の最優先事項であるにとどまらず，「DE&I」や「働き方」も含め，さらなる企業成長や社員の就労意欲向上のための投資そのものであるとの考えのもと，各種活動に取り組んでいる。

2本目の柱は，「自己変革に挑戦する社員への機会と支援の提供」。多様な社員が自らのキャリアを考え，自律的にチャレンジし，先輩の軌跡を超えた成長・活躍を実現できる環境を整えるため，「Chance（チャンスを創出する）」「Challenge（果敢に挑戦する）」「Change（変革を実現する）」の3つのキーワードを軸に，「自己変革に挑戦する社員に機会と支援を提供」することを，社員に対する当社のコミットメントとして具体的な施策に取り組んでいる。

上記の人財戦略を推進することにより，人財一人ひとりが，そのライフイベントやキャリアステージに応じて能力を思う存分発揮することで，私たち中部電力グループは地域・社会の持続的な発展に貢献していく。

なお，人的資本に関するガバナンス・リスク管理については，「2　サステナビリティに関する考え方及び取組（1）サステナビリティ全般に関する考え方及び取り組み」に記載している。

多様な人財が活躍できる環境づくり / 自己変革に挑戦する機会と支援の提供への

①安全
安全文化の醸成
- ▶ ヒヤリハット活動
- ▶ 階層別安全健康研修
- ▶ 作業安全教育
- ▶ 全社安全大会

労働災害防止の仕組み
- ▶ 労働災害未然防止
- ▶ 社有車運転認定制度

②健康
こころの健康
- ▶ 心のレジリエンス・自己肯定感等を醸成する「ポジティブメンタルヘルス」の推進

からだの健康
- ▶ ウェアラブル端末の配布
- ▶ 健康づくりイベントの開催
- ▶ 人間ドックによる定期健康診断

共通の取り組み
- ▶ 全従業員に対する個別保健指導
- ▶ 睡眠支援、勤務間インターバルの確保

③DE&I
女性の活躍推進
- ▶ キャリア形成面談の実施
- ▶ ライフ・ワーク・バランスの環境整備

男性育休の取得促進
- ▶ 育児休業制度の拡充

障がい者雇用
- ▶ チャレンジの職域拡大

キャリア採用者の積極活用
- ▶ 専門人財の受入体制整備

④働き方
制度・インフラの変革
- ▶ コアタイムなしのフレックス勤務制度
- ▶ 労働時間を柔軟化する断続勤務制度

意識の変革
- ▶ 1on1ミーティングの実施、定着

仕事の変革
- ▶ ICT活用による現場業務のリモート化
- ▶ 情報の民主化

⑤Chance　チャンスを創出する
多様なキャリア形成機会の提供
（既存事業高度化や事業領域拡大への対応）
- ▶ 受動から能動へ：公募制度、初任配属先
- ▶ 部門内から部門外へ：部門横断異動活性化
- ▶ 専業から兼業へ：社内/社外兼業

多様化する経験・学びのニーズへの対応
- ▶ 多様な学びの場：オンライン学習サービスの導入

⑥Challenge　果敢に挑戦する
経営ビジョンの実現に挑戦する決意の共有
（共感の醸成と理解の推進）
- ▶ 現状把握：エンゲージメントサーベイを通じた従業員意識・浸透度の継続確認
- ▶ 方向設定：事業・部門が求める人財像の整理・自律的なキャリア形成
- ▶ 理解・浸透：部門長・事業部長へのワークショップ等によるマインドセット変革

⑦Change　変革を実現する
既存業務の変革と事業領域拡大に必要な人財を獲得できる仕組みの整備
【人財獲得の仕組み整備】
- ▶ 方針策定：採用ポリシー確立
- ▶ 職域拡大：キャリア採用対象職種拡大
- ▶ 採用チャネル拡大・強化：カムバック制度新設
- ▶ 条件改善：キャリア採用におけるJOB型人事制度の導入

【変革基礎整備】
- ▶ システム：タレントマネジメントシステム導入

既存業務の変革と事業領域拡大に対応できるリソース配分の仕組みの整備
- ▶ 事業計画に連動した要員配分の仕組みの検討

②　指標及び目標

区分		指標	目標※1	実績※1
多様な人財が活躍できる環境づくり	①安全	死亡災害発生件数※1	0件	1件
	②健康	プレゼンティーイズム（WLQ-J／心身ともに万全な状態で働けている状態を示す労働生産性）	97.5%以上（2024年度）	94.8%
		アブセンティーイズム（傷病等の休務日数をもとに算出する労働損失率）	8.4%未満（2024年度）	10.3%
	③DE&I	女性役付職数	2014年の3倍（2025年度）	2.4倍
		男性育児休業取得率※2	100%（2025年度）	92.6%
		障がい者雇用率	法定雇用率（2.3%）の遵守	2.76%（2022年6月時点）
	④働き方	柔軟な働き方の浸透（テレワーク、マイフレックス制※3の活用率＝制度活用1回/人以上）	100%（2025年度）（フレックスタイム勤務適用者）	95.4%
自己変革に挑戦する社員への機会と支援の提供	⑤Chance チャンスを創出する	社内異動における公募活用	300ポスト（2025年度）（既み異動規模の1割程度）	42ポスト
		必要な学びを選択できるオンライン学習サービス利用率＝受講数2件/人以上）	100%（2025年度）	―
	⑥Challenge 果敢に挑戦する	エンゲージメントサーベイ総合スコアレーティング※4	「A」11段階の上から3番目（2025年度）	「BB」11段階の上から5番目
	⑦Change 変革を実現する	採用者数に占めるキャリア採用者の割合	20%（2025年度）	16%

※1　目標及び実績は中部電力・中部電力パワーグリッド・中部電力ミライズ3社合計の値を記載。ただし、死亡災害発生件数には、執行役員、直接雇用の従業員及び派遣社員に加え、請負・委託による災害件数を含む。

※2　「育児休業、介護休業等育児又は家族介護を行う労働者の福祉に関する法律施行規則」における「育児休業等育児目的休暇の取得割合」を示す。

※3　1日のフレックス精算時間をマイナスとする働き方。これにより捻出した時間を趣味等に活用。

※4　（株）リンクアンドモチベーションが提供するエンゲージメントサーベイを導入。

(point) ガス販売や太陽光発電関連工事が好調

「その他事業」は主にガス販売などを行っているエネルギー事業と太陽光発電関連工事といった建設業などを営むその他の事業がある。主に子会社がこれらの分野を担当している。当年度においては、ガス販売数量の増加や、太陽光発電関連工事の売上増加により、営業収益、営業利益ともに前年度よりも増加した。

　当社グループの財政状態，経営成績及びキャッシュ・フローの状況に関する変動要因のうち，投資者の判断に重要な影響を及ぼす可能性があると考えられる事項には，主に以下のようなものがある。

　なお，文中における将来に関する事項は，有価証券報告書提出日（2023年6月29日）現在において判断したものであり，今後のエネルギー政策や電気事業制度の見直しなどの影響を受ける可能性がある。

（1）　事業環境の変化 ···

　当社グループを取り巻く事業環境は，世界経済の回復によるエネルギー需要増加や欧州における紛争などにより燃料価格が高騰したが，2022年度後半にかけては，記録的な暖冬により欧州の天然ガスの在庫蓄積が進んだことなどによりLNGの需給が緩和し，ピーク時に比べ低位に推移した。また，電力卸売価格も低位に推移した。これらにより，2022年度においては，期ずれを除いた連結経常利益は，最終的に1,560億円程度の利益を確保することができた。しかしながら，ロシアから欧州へのガス供給不安などから，今後も国際的なエネルギーの争奪が継続し，為替変動リスクも含め燃料価格のボラティリティが高く，当社グループの事業においても，先行きが不透明な厳しい経営環境が継続している。

　また，太陽光発電をはじめとした自然変動電源が大量導入され，需要の増加と太陽光発電量などの低下が重なる冬季に需給ひっ迫が生じやすくなっている中，設備のトラブルが発生した場合や資源国において不測の事態が生じた場合などには，日本国内における需給状況が悪化することが懸念される。

　このような事業環境の変化に対して当社グループは，再生可能エネルギー発電出力の予測精度向上，他の一般送配電事業者との連携も含めた日々の系統運用・需給調整や水力発電所の安定的な運用，JERAによる休止火力発電所の再稼働やJERAの燃料トレーディング子会社であるJERA Global Marketsを通じた機動的な調達による安定的な燃料確保，お客さまに電気を効率的にご利用いただくデマンドレスポンスの活用などにより，グループ一丸となってエネルギーの安定供給を継続する。

収支安定化に向けては，国内エネルギー事業において電源調達ポートフォリオの最適化や市場リスク管理の高度化などに引き続き取り組んでいく。加えて，新成長領域やグローバル事業のさらなる拡大などを通じて，持続的な成長を実現し，中期経営目標の達成を目指していく。

さらに，近年のデジタルトランスフォーメーション（DX）の進展や再生可能エネルギーをはじめとする分散型電源の導入拡大，さらには脱炭素化への取り組みの進展などにより，エネルギー事業を取り巻く環境は今後も大きく変化していくと想定される。

当社グループは，「ゼロエミチャレンジ2050」及び「JERA ゼロエミッション2050」に基づき，安全確保を大前提とした原子力の活用，再生可能エネルギーの拡大や，水素・アンモニアサプライチェーンの構築を含むゼロエミッション電源の追求などに取り組むとともに，社会・お客さまと一体となって進めるエネルギー利用の電化・脱炭素化を通じて，脱炭素社会の実現を目指している。また，国の「GX リーグ基本構想」に賛同し，CO_2排出量削減に向けた取り組みを着実に進めていく。

2050年の社会像を見据えて果敢にチャレンジするため，「中部電力グループ経営ビジョン2.0」に基づき，人財一人ひとりの成長・活躍を通じたお客さま・社会への多様な価値の提供による，地域・社会の持続的な発展に貢献していく。

ただし，欧州における紛争に起因する影響の拡大，各種市場における想定と異なる制度見直しの実施など，当社グループを取り巻く事業環境が変化した場合，財政状態，経営成績及びキャッシュ・フローは影響を受ける可能性がある。

① 燃料・電力価格の変動等

当社グループの電源調達費用は，LNG，石炭，原油，卸電力などの市場価格及び為替相場の変動により影響を受ける可能性がある。これに対して中部電力ミライズでは，お客さまに安定して電気をお届けするため，ご家庭などの低圧のお客さまを対象とした一部料金メニューの燃料費調整額の算定に用いる平均燃料価格の上限を廃止した。また，2023年4月から，特別高圧・高圧のお客さま向けの標準料金メニューの見直しにより，電力量料金単価を変更するとともに燃料価格に加え卸電力取引市場価格の変動も反映させる燃料費調整の仕

組みを導入した（2022年10月公表）。燃料費調整に関する仕組みの変更などにより，財政状態，経営成績及びキャッシュ・フローへの影響は緩和される。

　なお，その後の燃料価格が低位に推移していることや，当社グループ全体で取り組んでいる経営努力を踏まえ，2023年6月から，標準料金メニューの見直し対象である特別高圧・高圧のお客さまに対してご負担を軽減する施策などを実施している。

　JERAなどによる燃料調達や中部電力ミライズなどによる市場などを通じた電力調達において，調達先の分散化，契約の長期化・柔軟性の確保など，燃料・電力等の市場変動に影響されにくい事業構造への移行を行っている。加えて，市場変動性の高まりを踏まえリスク管理の高度化や市場価格変動に柔軟に対応した販売施策に取り組んでいく。

　ただし，欧州における紛争に起因する影響の拡大，長期化などの政治・経済・社会情勢の悪化や天候の変動，調達先の設備・操業トラブルなどにより，需給状況や市場価格が大きく変動することがある。これらのリスクの顕在化に伴う，調達費用の増減，調達価格と販売価格の差異，電力の市場価格・卸価格の変動などにより，財政状態，経営成績及びキャッシュ・フローは影響を受ける可能性がある。

② **競争への対応等**

　電気をはじめエネルギー事業においては，JEPX（日本卸電力取引所）の価格高騰による電源調達コストの増加などを背景に新電力の撤退が相次いでいる中，価格面の競争だけでなく，お客さまが望まれる料金メニューやサービスによる差別化が求められるなど，ご家庭のお客さまを中心に厳しい競争環境は継続しており，今後調達環境が改善した際にはさらに競争は激化すると想定される。

　この競争を勝ち抜くべく，中部電力ミライズでは，これまでの電気・ガスなどのお届けを通じて築いてきたお客さまとの「つながり」をもとに，脱炭素などのビジネス上の課題解決を実現するサービスや，お客さまのくらしを豊かにするサービスの提供を進めている。

　具体的には，CO_2フリーメニュー電気のお届けを通じた再生可能エネルギーの普及・拡大や地産地消に貢献するサービスの提供，家族の絆やつながりを育

---

point **中国のLNG消費拡大でリスク分散が急務に**

LNGへの世界的な需要は高まってきており，またその供給先についても特に中国に集中している傾向にある。そのため，安定的なLNGの入手や過当な価格上昇を防ぐために，他国からのLNG入手やLNGを代替できるような燃料開発を各国が試みている。

む「くらしサービス」など様々なサービスを提供していく。

　JERAは，休止火力発電所の運転再開などを通じた追加供給力の確保などによる安定供給確保に取り組むとともに，燃料上流・調達から発電，電力・ガス販売にいたるバリューチェーンの最適運用，効率的運営に努めていく。

　ただし，欧州における紛争のさらなる高まりによる調達環境の悪化，競争激化や景気動向・気温変動などにより，財政状態，経営成績及びキャッシュ・フローは影響を受ける可能性がある。

③　新成長分野の事業化

　当社グループは，さまざまな領域で「つながることで広がる価値」を創出し，生活の質を向上させるサービスを充足させることで，地域社会やお客さまが求める新たな価値の提供を目指していく。不動産事業においては，日本エスコン，中電不動産を中心にまちづくりに一層貢献するとともに，資源循環・上下水道・地域交通などといった地域インフラ事業については，さまざまなパートナーのみなさまと連携して脱炭素・循環型社会の構築を進めていく。また，医療・健康といった生活関連事業の拡大により，地域の健康寿命の延伸などに寄与していく。今後も，地域のみなさまやパートナーとの連携を大切にしながら，「新しいコミュニティの形」の創造に挑戦していく。

　グローバル事業においては，再生可能エネルギーなどの「グリーン領域」，水素・アンモニアなどの「ブルー領域」，マイクログリッド・アジア配電事業などの「小売・送配電・新サービス領域」及び地熱発電などの「フロンティア領域」の4領域を組み合わせて最適なポートフォリオを形成し，各国・地域の社会課題解決への貢献と，収益の拡大を目指している。

　なお，当社は，2016年7月1日付で会社分割により海外発電・エネルギーインフラ事業をJERAへ承継した取引について，2022年12月17日に，メキシコ税務当局から約759億円（2022年12月時点の為替レートに基づく）の納付を命じる更正決定通知を受領した。本通知の内容は，日墨租税条約及びメキシコ税法に反する不合理なものであることから，2023年2月10日に，当局に対し行政不服審査を申し立てた。加えて，日墨租税条約に基づく両国税務当局間の相互協議も実施中である。

(point) **設備投資等の概要**

セグメントごとの設備投資額を公開している。多くの企業にとって設備投資は競争力向上・維持のために必要不可欠だ。企業は売上の数％など一定の水準を設定して毎年設備への投資を行う。半導体などのテクノロジー関連企業は装置産業であり，技術発展がスピードが速いため，常に多額の設備投資を行う宿命にある。

グローバル事業をはじめとする新成長分野における事業の展開にあたっては，カントリーリスクも含め適切なリスク評価を行うとともに，定期的にモニタリングを実施していく。

ただし，これらの事業が，他事業者との競合の進展やカントリーリスクの顕在化などにより，当社グループの期待するような結果をもたらさない場合には，財政状態，経営成績及びキャッシュ・フローは影響を受ける可能性がある。

④　地球環境保全

国の2050年カーボンニュートラル宣言のもと，脱炭素成長型経済構造への円滑な移行の推進に関する法律（GX推進法）が成立するなど，地球環境保全に向けた取り組みは喫緊の課題となっている。

当社グループでは，「中部電力グループ環境基本方針」に基づき，カーボンニュートラル実現に向けた取り組みを「ゼロエミチャレンジ2050」としてとりまとめた。社会やお客さまとともに，エネルギーインフラの革新を通じて「脱炭素」と「安全・安定・効率性」の同時達成を目指していく。

具体的には，2030年頃に向けた再生可能エネルギーの拡大目標（保有・施工・保守含む）に関し，320万kW以上を目指すとともに，安全性の向上と地域の皆さまの信頼を最優先にした浜岡原子力発電所の活用，水素・アンモニアサプライチェーンの構築，アンモニア混焼技術の確立，非効率石炭火力発電のフェードアウト，火力発電のさらなる高効率化，再生可能エネルギー接続可能量の拡大に向けた電力系統設備・運用の高度化，需給運用の広域化，「ミライズGreenでんき」をはじめとするCO$_2$フリーメニューの多様化などのあらゆる施策を総動員し，「2030年までに，お客さまへ販売する電気由来のCO$_2$排出量を2013年度比で50％以上削減」を達成する。さらに，イノベーションによる革新的技術実用化・採用を通じ，「2050年までに，事業全体のCO$_2$排出量ネット・ゼロに挑戦」していく。

また，気候変動に伴う重要なリスクについては，社長が議長を務めるリスクマネジメント会議で審議，経営基本計画に反映し，取締役会で決議したうえで，適切に施策を実施している。

ただし，化石燃料賦課金や排出量取引制度などのカーボンプライシング制度

(point) **主要な設備の状況**

「設備投資等の概要」では各セグメントの1年間の設備投資金額のみの掲載だが，ここではより詳細に，現在セグメント別，または各子会社が保有している土地，建物，機械装置の金額が合計でどれくらいなのか知ることができる。

をはじめとした今後の規制措置への対応に加え，非化石価値の動向や技術革新などを踏まえたビジネスモデルの変革を当社グループが的確に実施できない場合，財政状態，経営成績及びキャッシュ・フローは影響を受ける可能性がある。

⑤ **金利の変動等**

当社グループの有利子負債残高は，2023年3月末時点で2兆9,257億円と，総資産の45.3％に相当し，市場金利の変動により支払利息が増減するが，有利子負債残高のうち89.8％は，社債，長期借入金の長期資金であり，その大部分を固定金利で調達しているため，財政状態，経営成績及びキャッシュ・フローへの影響は限定的である。

ただし，今後調達する社債・借入金にかかる支払利息や当社グループが保有する企業年金資産などの一部は，金利などの変動によって増減するため，財政状態，経営成績及びキャッシュ・フローは影響を受ける可能性がある。

(2) 原子力発電設備の非稼働 ···

原子力政策については，2023年2月には「GX実現に向けた基本方針」の閣議決定がなされ，同年5月には「脱炭素社会の実現に向けた電気供給体制の確立を図るための電気事業法等の一部を改正する法律（GX脱炭素電源法）」が成立した。

当社では，浜岡原子力発電所全号機の運転停止が10年以上を経過しており，現在，新規制基準を踏まえた対策を着実に実施するとともに，3・4号機について，原子力規制委員会による新規制基準への適合性確認審査を受けている。同基準への適合性を早期に確認いただけるよう，社内体制を強化し確実な審査対応に努めていく。

福島第一原子力発電所の事故以降に計画した地震・津波対策や重大事故対策などの4号機の主な工事は概ね完了している。今後も，審査対応などにより必要となった追加の設備対策については，可能な限り早期に実施していく。3号機については，4号機に引き続き，新規制基準を踏まえた対策に努めていく。5号機については，海水流入事象に対する具体的な復旧方法の検討と並行して，新規制基準を踏まえた対策を検討し，審査の申請に向けた準備を進める。

また，現場対応力の強化に向けた教育・訓練の充実や防災体制の整備を図るな

(point) 原発停止で二酸化炭素削減が困難に

世界経済全体として，環境を配慮する機運が高まってきており，日本企業も明確に目標を定めて二酸化炭素排出削減に取り組んでいた。しかし，二酸化炭素削減の有力な方法であった原子力発電の活用が当面難しくなったため，電力会社としても二酸化炭素を抜本的に削減することが難しい状況になっている。

ど，発電所内を中心としたオンサイト対応を継続するとともに，住民避難を含む緊急時対応の実効性向上に向けて，国・自治体との連携強化を通じ，発電所周辺地域における原子力災害に備えたオフサイト対応の充実に努めていく。

当社グループは，浜岡原子力発電所全号機の運転停止状況下において，火力電源での代替を行っており，これによる電源調達費用の大幅な増加などにより，財政状態，経営成績及びキャッシュ・フローは影響を受ける見込みである。

また，新規制基準への対応などに伴う浜岡原子力発電所の運転停止状況の継続や当社グループが受電している他社の原子力発電設備の運転停止状況などによっては，財政状態，経営成績及びキャッシュ・フローは影響を受ける可能性がある。

（3）原子力バックエンド費用等

原子力のバックエンド事業は，使用済燃料の再処理，放射性廃棄物の処分，原子力発電施設等の解体など，超長期の事業で不確実性を有する。この不確実性は国による制度措置などに基づき，必要な費用を引当て・拠出していることにより低減されているが，原子力バックエンド費用及び原子燃料サイクルに関する費用は，制度の見直し，制度内外の将来費用の見積り額の増減，再処理施設の稼働状況などにより増減するため，財政状態，経営成績及びキャッシュ・フローは影響を受ける可能性がある。

（4）大規模自然災害等

当社グループの事業活動においては，南海トラフ地震・巨大台風・異常気象などの大規模自然災害，武力攻撃，テロ行為，疫病の流行，事故などのリスクが存在する。

当社グループでは，これらの事象が発生した場合に備えて，BCP（事業継続計画）などを策定のうえ，設備の形成，維持，運用などの事前対策に取り組むとともに，発生後における体制の整備や訓練などを実施している。

また，台風災害で得られた教訓などを踏まえ，アクションプランに基づき，各種復旧支援システムの整備による設備復旧体制の強化，ホームページやスマートフォンアプリによるお客さまへの情報発信の強化，自治体・他電力会社などとの

連携強化に取り組んでいる。さらに，レジリエンス（強靭化・回復力）の強化に向けて，自治体などと連携しながら，予防保全のための樹木の事前伐採や無電柱化の一層の加速，水力発電用ダムの洪水発生が予想される場合における治水協力などに取り組んでいく。

ただし，大規模自然災害，武力攻撃，テロ行為，疫病の流行，事故などにより，供給支障や設備の損壊などが発生した場合には，その被害状況などによっては，財政状態，経営成績及びキャッシュ・フローは影響を受ける可能性がある。

(5) 新型コロナウイルス等感染症

当社グループでは，新型コロナウイルス感染症などの流行拡大に対し，従業員・家族・パートナー・お客さまの安全と健康を最優先に，安定供給とサービスレベルを維持していくという考えのもと，在宅勤務や時差通勤などの積極活用，一人ひとりの基本的な感染予防策の徹底などを通じて，感染予防や有事の際のバックアップ要員確保に取り組んでいる。

また，新型コロナウイルスなどの感染拡大に伴う暮らしや働き方などの新しい生活様式の浸透など，大きく変容する社会構造や個人の価値観・行動様式を見据えつつ，社会課題の解決に向けて，コミュニティサポートインフラなどによる新たなサービスの開発・提供を一層加速していく。

ただし，新たな感染症が発生しその影響が拡大・長期化した場合や，当社グループが社会構造の変容を十分に先取りできなかった場合などには，財政状態，経営成績及びキャッシュ・フローは影響を受ける可能性がある。

(6) セキュリティ（経済安全保障・情報管理等）

当社グループでは，重要インフラであるエネルギーの安定供給を確保するため，サイバー攻撃などによる電力の供給支障や機微情報漏えいのリスクに対応すべく，ガバナンス体制の強化，電力ISACなどを通じた他事業者・関係機関などとの情報共有・分析，各種セキュリティ対策や訓練などを継続的に実施している。

今後も，国際情勢などの変化を常に注視し，サイバー攻撃に対する最新の対策を実施していく。

(point) 設備の新設，除却等の計画

ここでは今後，会社がどの程度の設備投資を計画しているか知ることができる。毎期どれくらいの設備投資を行っているか確認すると，技術等での競争力維持に積極的な姿勢かどうか，どのセグメントを重要視しているか分かる。また景気が悪化したときは設備投資額を減らす傾向にある。

また，個人情報（特定個人情報を含む）をはじめとした各種情報の管理の徹底に向け，個人情報保護法など，関係法令に基づき，専任部署の設置，規程類を整備することに加え，教育や意識啓発活動の実施などの取り組みをこれまで以上に強化していく。

　加えて，リスクアセスメントの実施・分析を通じて，より高度なガバナンス体制の構築やITシステムの脆弱性の発見・解消，運用ルールの強化などに努め，さらなるセキュリティ確保に万全を期す。

　ただし，サイバー攻撃やITシステムの不備，情報の漏えいなどにより，対応に要する直接的な費用のほか，社会的信用の低下などが発生した場合には，財政状態，経営成績及びキャッシュ・フローは影響を受ける可能性がある。

(7)　コンプライアンス

　当社グループでは，法令及び社会規範の遵守に関する基本方針及び行動原則を示した「中部電力グループコンプライアンス基本方針」のもと，設備の保安を含む業務運営全般におけるコンプライアンスの徹底，企業倫理の向上に努めている。

　具体的には，2019年には「中部電力グループ贈収賄・腐敗防止方針」及び「金品授受に関するガイドライン」を制定するなど，取り組みを強化している。

　このような中，当社及び中部電力ミライズは2021年4月13日に中部地区等における特別高圧電力及び高圧電力の供給並びに中部地区における低圧電力及び都市ガス供給等に関して，及び同年10月5日に中部地区における特別高圧電力，高圧電力，大口需要家向け都市ガス等に係る供給に関して，それぞれ独占禁止法違反（不当な取引制限）の疑いがあるとして，公正取引委員会の立入検査を受け，同委員会の調査に対し，全面的に協力してきた。

　2023年3月30日，上記のうち中部地区等における特別高圧電力及び高圧電力の供給について，当社は，独占禁止法に基づく課徴金納付命令を，中部電力ミライズは，独占禁止法に基づく排除措置命令及び課徴金納付命令を，同委員会からそれぞれ受領した。各命令について，当社及び中部電力ミライズは，同委員会との間で，事実認定と法解釈について見解の相違があることから，取消訴訟を提起して司法の公正な判断を求めることとしている。課徴金については，当連結会

---

point　環境負荷低減に向けて火力発電の高効率化を推進

上越2号系列，西名古屋7号系列いずれも高効率コンバインドサイクル発電を導入した火力発電設備である。西名古屋7号系列は世界最高水準の熱効率の発電設備である。火力発電に頼らざるをえない現状においても，二酸化炭素排出量及び燃料費の削減努力をしていくことで，環境，業績双方に配慮している。

計年度において独占禁止法関連損失を特別損失に計上した。これらの命令を受けて，当社及び中部電力ミライズは，経済産業省などから補助金交付等の停止及び契約に係る指名停止等の措置を受けている。また，2023年6月19日，電力・ガス取引監視等委員会は経済産業大臣に対して，中部電力ミライズへ業務改善命令を行うよう勧告を行った。今後命令がなされた場合には，適切に対応していく。

　この他の案件に対しては，引き続き調査に全面的に協力していく。

　当社及び中部電力ミライズは，二度と独占禁止法に関する疑いを持たれることがないよう，2023年4月7日に公表したコンプライアンス徹底策を着実に実施していく。

　また，中部電力パワーグリッドにおいて，託送業務システムで管理しているお客さま情報を中部電力ミライズ及びその委託先へ漏えいした事案が判明し，中部電力ミライズにおいて，同社従業員が顧客管理システムを通じて中部電力ミライズ以外の小売電気事業者と契約しているお客さま情報を閲覧していた事案が判明した。この件に関し，中部電力パワーグリッド及び中部電力ミライズは，2023年4月17日，電力・ガス取引監視等委員会より業務改善勧告を受け，同年5月12日，当該業務改善勧告に対応する報告を行った。

　加えて，中部電力パワーグリッドにおいて，経済産業省の再生可能エネルギー業務管理システムを閲覧するために付与されたID及びパスワードを適切に管理しておらず，同システム上で中部電力ミライズの従業員においてもFIT認定情報が閲覧可能な状態となっていた事案が判明した。この件に関し，中部電力パワーグリッド及び中部電力ミライズは，2023年4月17日，資源エネルギー庁より指導を受け，同年5月12日，当該指導に対応する報告を行った。

　中部電力パワーグリッド及び中部電力ミライズは，2023年5月12日に公表した再発防止策を着実に実施していく。

　その他，当社グループにおいて，不動産投資事業に対し関係行政から処分を受けた事象なども発生しており，これらについても適切に対応していく。

　当社グループは，今後も，常にコンプライアンスに関する取り組み状況を確認し，その結果に基づいて説明責任を果たすとともに，コンプライアンス徹底に向けた不断の取り組みを進めていく。

---

point　株式の総数等

　発行可能株式総数とは，会社が発行することができる株式の総数のことを指す。役員会では，株主総会の了承を得ないで，必要に応じてその株数まで，株を発行することができる。敵対的TOBでは，経営陣が，自社をサポートしてくれる側に，新株を第三者割り当てで発行して，買収を防止することがある。

ただし，コンプライアンスに反する事象により，社会的信用の低下などが発生した場合には，財政状態，経営成績及びキャッシュ・フローは影響を受ける可能性がある。

3　経営者による財政状態，経営成績及びキャッシュ・フローの状況の分析

（経営成績等の状況の概要）

（1）　業績等の概要

　当連結会計年度におけるわが国経済は，新型コロナウイルスの影響が残る中，景気の緩やかな持ち直しの動きが継続した。一方で，世界的な金融引締めなどにより，景気の下振れが懸念されている。

　燃料価格については，ウクライナ情勢や急激な円安進行などを背景として大幅に高騰した。足元ではピーク時から比較すると一時的に下落したものの，ボラティリティ（変動性）が高い状態が継続している。

　このような中，当連結会計年度の収支状況について，売上高は，3兆9,866億円となり，前連結会計年度と比べ1兆2,815億円の増収となった。

　経常損益は，651億円の利益となり，前連結会計年度と比べ1,244億円改善した。

（2）　生産，受注及び販売の状況

　当社グループは，電力・ガスの販売と各種サービスの提供を行う「ミライズ」，電力ネットワークサービスの提供を行う「パワーグリッド」，燃料上流・調達から発電，電力・ガスの販売を行う「JERA」等が，バリューチェーンを通じて，電気事業を運営している。

　当社グループにおける生産，受注及び販売の状況については，その大半を占める電気事業のうち主要な実績を記載している。

📍 **連結財務諸表等**

　ここでは主に財務諸表の作成方法についての説明が書かれている。企業は大蔵省が定めた規則に従って財務諸表を作るよう義務付けられている。また金融商品法に従い，作成した財務諸表がどの監査法人によって監査を受けているかも明記されている。

① 発電実績

種別		当連結会計年度 （自　2022年4月1日 至　2023年3月31日）	対前年増減率(%)
発電電力量 （百万kWh）	水力	8,337	0.4
	原子力	—	—
	新エネルギー	385	1.8
	合計	8,722	0.5
出水率　(%)		94.8	—

(注) 1　発電電力量及び出水率は，中部電力（株）の実績を記載している。
　　 2　出水率は，1990年度から2020年度までの30カ年平均に対する比である。
　　 3　四捨五入の関係で，合計が一致しない場合がある。

② 販売実績

ア　販売電力量及び料金収入

種別		当連結会計年度 （自　2022年4月1日 至　2023年3月31日）	対前年増減率(%)
販売電力量 （百万kWh）	低圧	30,583	△6.1
	高圧・特別高圧	71,846	△5.9
	合計	102,429	△6.0
料金収入（百万円）		2,457,376	45.9

(注) 1　販売電力量及び料金収入は，中部電力ミライズ（株）の実績を記載している。
　　 2　四捨五入の関係で，合計が一致しない場合がある。
　　 3　料金収入には「物価高克服・経済再生実現のための総合経済対策」に基づいて受領した電気・ガス
　　　　価格激変緩和対策補助金収入56,343百万円を含む。

〔参考1〕

グループ合計の販売電力量（百万kWh）	113,003	△4.1

(注)　中部電力ミライズ（株）及びその子会社，関連会社の実績を記載している。なお，グループ内の販売
　　　電力量は除いている。

〔参考2〕

他社販売電力量（百万kWh）	11,345	0.2

(注)　中部電力ミライズ（株）の実績を記載している。なお，中部電力ミライズ（株）の子会社及び関連会社
　　　への販売電力量は除いている。

(point) 連結財務諸表

　　ここでは貸借対照表（またはバランスシート，BS），損益計算書（PL），キャッシュフ
ロー計算書の詳細を調べることができる。あまり会計に詳しくない場合は，最低限，
損益計算書の売上と営業利益を見ておけばよい。可能ならば，その数字が過去5年，
10年の間にどのように変化しているか調べると会社への理解が深まるだろう。

イ　中部エリアの需要電力量及び料金収入

種別	当連結会計年度 (自　2022年4月1日 至　2023年3月31日)	対前年増減率(%)
中部エリアの需要電力量(百万kWh)	124,349	△2.4
料金収入(百万円)	585,923	△3.1

(注) 1　中部エリアの需要電力量及び料金収入は，中部電力パワーグリッド（株）の実績を記載している。
　　　2　料金収入は，接続供給託送収益（インバランスの供給に係る収益を除く）を記載している。

（経営者の視点による経営成績等の状況に関する分析・検討内容）

　当社グループに関する財政状態，経営成績及びキャッシュ・フローの状況の分析については，連結財務諸表に基づいて分析した内容である。

（1）　財政状態の分析 ··

①　資産

　固定資産については，減価償却の進行はあったものの，設備投資などにより固定資産が増加したことなどから，前連結会計年度末と比べ537億円増加し，5兆2,884億円となった。

　流動資産については，現金及び預金が増加したことなどから，前連結会計年度末と比べ2,266億円増加し，1兆1,666億円となった。

②　負債

　有利子負債が増加したことなどから，負債合計は，前連結会計年度末と比べ2,414億円増加し，4兆2,928億円となった。

③　純資産

　配当金の支払いはあったが，親会社株主に帰属する当期純利益の計上やその他の包括利益累計額の増加などから，純資産合計は，前連結会計年度末と比べ389億円増加し，2兆1,622億円となった。

　この結果，自己資本比率は，31.9％となった。

(point)　長期に渡り発生する原発関連費用

　使用済燃料再処理等引当金や原子力発電所運転終了関連損失引当金は，原子力発電所を有する電力会社特有の勘定科目である。原子力発電所の使用済み燃料の処理や，稼働終了後の解体費用等に相当のお金を要し，かつ処理期間が長期にわたる。そのため，将来発生する多額の費用に備えて，このように引当を行っているのである。

〔資産・負債・純資産比較表（要旨）〕

項　　目		前連結会計年度末 (2022年3月31日) 金額（億円）	当連結会計年度末 (2023年3月31日) 金額（億円）	増　　減 金額（億円）	増　　減 増減率（%）
資産	固定資産	52,347	52,884	537	1.0
	電気事業固定資産	23,586	23,742	156	0.7
	その他の固定資産	4,183	4,363	179	4.3
	固定資産仮勘定	4,225	4,386	161	3.8
	投資その他の資産	18,404	18,459	55	0.3
	流動資産	9,400	11,666	2,266	24.1
	現金及び預金	2,032	3,613	1,581	77.8
	受取手形，売掛金及び契約資産	3,442	3,655	213	6.2
	棚卸資産	1,907	1,964	56	3.0
	合　計	61,747	64,551	2,803	4.5
負債・純資産	固定負債	28,093	30,326	2,232	7.9
	社債	7,927	8,629	701	8.9
	長期借入金	13,973	15,481	1,508	10.8
	流動負債	12,400	12,585	184	1.5
	1年以内に期限到来の固定負債	2,620	2,349	△271	△10.3
	短期借入金	2,690	2,802	112	4.2
	コマーシャル・ペーパー	790	—	△790	—
	支払手形及び買掛金	2,792	3,274	482	17.3
	負債合計	40,514	42,928	2,414	6.0
	株主資本	18,914	18,917	2	0.0
	利益剰余金	13,927	13,931	3	0.0
	その他の包括利益累計額	1,256	1,690	434	34.6
	非支配株主持分	1,061	1,013	△47	△4.5
	純資産合計	21,232	21,622	389	1.8
	合　計	61,747	64,551	2,803	4.5

	前連結会計年度末 (2022年3月31日)	当連結会計年度末 (2023年3月31日)	増　減	増減率(%)
自己資本比率(%)	32.7	31.9	△0.8	—
有利子負債残高(億円)	28,002	29,257	1,254	4.5

〔注〕億円未満切り捨て

(point) **燃料価格上昇と円安進行が経営を圧迫**

　　本業の収益性を図る指標である営業利益率（＝営業利益÷営業収益）は，前年度△0.5%から当年度△2.1%と，前年度よりも悪化している。これは，円安傾向が強まったことや，需給がひっ迫していることにより燃料費が上昇した影響が大きい。特に昨今は燃料を要する火力発電に依存していることから，燃料費上昇の影響を大きく受けた。

(2) 経営成績の分析 ···

　中部電力ミライズ（株）の販売電力量は，他事業者への切り替え影響や，産業用電力の需要減などから，前連結会計年度と比べ65億kWh減少し1,024億kWhとなった。

　なお，中部電力ミライズ（株）及びその子会社，関連会社の合計の販売電力量は，前連結会計年度と比べ48億kWh減少し1,130億kWhとなった。

〔販売電力量〕

	前連結会計年度 （自　2021年4月1日 至　2022年3月31日）	当連結会計年度 （自　2022年4月1日 至　2023年3月31日）	増　減	増減率(%)
低圧　（億kWh）	326	306	△20	△6.1
高圧・特別高圧　（億kWh）	763	718	△45	△5.9
合　計	1,089	1,024	△65	△6.0

（注）1　販売電力量は，中部電力ミライズ（株）の実績を記載している。
　　　2　四捨五入の関係で，合計が一致しない場合がある。

〔参考1〕

グループ合計の販売電力量 （億kWh）	1,178	1,130	△48	△4.1

（注）　グループ合計の販売電力量は，中部電力ミライズ（株）及びその子会社，関連会社の実績を記載している。

〔参考2〕

他社販売電力量　（億kWh）	113	113	0	0.2

（注）　中部電力ミライズ（株）の実績を記載している。なお，中部電力ミライズ（株）の子会社及び関連会社への販売電力量は除いている。

　中部エリアの需要電力量は，夏季の気温影響による冷房設備の稼動増はあったものの，産業用電力の需要減や冬季の気温影響による暖房設備の稼動減などから，前連結会計年度と比べ31億kWh減少し1,243億kWhとなった。

〔中部エリアの需要電力量〕

	前連結会計年度 （自　2021年4月1日 至　2022年3月31日）	当連結会計年度 （自　2022年4月1日 至　2023年3月31日）	増　減	増減率(%)
中部エリアの需要電力量(億kWh)	1,275	1,243	△31	△2.4

（注）　中部エリアの需要電力量は，中部電力パワーグリッド（株）の実績を記載している。

収支の状況については，売上高（営業収益）は，燃料費調整額（燃調収入）の増加などから，前連結会計年度と比べ1兆2,815億円増加し3兆9,866億円となった。

　経常損益は，燃料価格の変動が電力販売価格に反映されるまでの期ずれについて差損が縮小したことや，中部電力ミライズにおける電源調達ポートフォリオの見直しなどによる市場価格高騰影響の抑制，調達コストを踏まえた販売活動の展開などから，前連結会計年度と比べ1,244億円改善し651億円の利益となった。

　なお，期ずれを除いた連結経常利益は，1,560億円程度と，前連結会計年度と比べ890億円程度の増益となった。

　また，独占禁止法関連損失275億円や子会社などにおける固定資産の減損損失142億円を特別損失に計上した一方，政策保有株式の一部を売却したことなどにより有価証券売却益453億円を特別利益に計上した。

　この結果，親会社株主に帰属する当期純損益は前連結会計年度と比べ812億円改善し，382億円の利益となった。

　当連結会計年度におけるセグメント別の業績（内部取引消去前）及び取り組みは以下のとおりである。

　なお，（株）JERAは持分法適用関連会社のため，売上高は計上されない。

［ミライズ］

〔業績〕

　電力・ガスの販売と各種サービスの提供に伴う売上高については，燃調収入の増加などから，前連結会計年度と比べ1兆626億円増加し3兆908億円となった。

　経常損益は，卸電力取引市場価格の高騰はあったものの，電源調達ポートフォリオの見直しなどによる市場高騰影響の抑制や調達コストを踏まえた販売活動の展開などから，前連結会計年度と比べ1,483億円改善し648億円の利益となった。

〔当連結会計年度の取り組み〕

　電気・ガスなどのお届けを通じて築いてきたお客さまとのつながりをもとに，お客さまのくらしを豊かにするサービスや，ビジネス上の課題解決を実現するサービスの提供を進めている。

　脱炭素社会の実現に向けては，「ミライズGreenでんき」によるCO$_2$フリー電

気のお届けやお客さまに初期費用やメンテナンス費用をお支払いいただくことなく，太陽光発電をご利用いただけるサービスの提供を通じて，再生可能エネルギーの普及・拡大と地産地消に貢献している。さらに，デマンドレスポンスサービス「NACHARGE」の提供を開始するなど，電気を効率的にご利用いただくための取り組みを拡充している。今後もお客さまと一体となって，脱炭素などの社会課題の解決に取り組んでいく。

　また，燃料価格のボラティリティが高い中においても，お客さまに安定して電気をお届けするため，低圧の一部料金メニューの燃料費調整制度の変更や，特別高圧・高圧の標準料金メニューの見直しをさせていただいた。一方で，足元の燃料価格が標準料金メニューの見直し検討時に比べて低位で推移していることや，中部電力グループ全体で取り組んでいる経営努力を踏まえ，低圧のお客さまに対しては，省エネや脱炭素化，電気料金の負担軽減につながるキャンペーンなどを，特別高圧・高圧のお客さまに対しては，電気料金の負担軽減策を実施していく。

［パワーグリッド］

〔業績〕

　電力ネットワークサービスの提供に伴う売上高については，再生可能エネルギー特別措置法に基づく購入電力の卸電力取引市場への販売単価の上昇や，需給調整取引に係る収益の増加などから，前連結会計年度と比べ2,166億円増加し1兆1,161億円となった。

　経常損益は，減価償却方法の変更による費用の減少に加え，効率化による費用削減や，需給バランス調整等を適切に実施するための調整力確保費用の低減に取り組んだことなどから，前連結会計年度と比べ218億円改善し70億円の利益となった。

〔当連結会計年度の取り組み〕

　再生可能エネルギーの接続可能量の拡大に向けて，電力系統設備・運用の高度化に取り組むとともに，中部エリアの安定供給に必要な予備力・調整力の確保や，他エリアとの電力融通の拡大に向けた設備増強などを着実に進め，需給安定に努めている。また，「地域別電力需要予測」などを用いた分散型電源の最大限の活

---

point　**赤字決算のため配当を見送り**

　2013年度は配当を0円とした。また，2013年度時点で，2014年度の中間配当も無しとすることを見込んでいる。中部電力は安定配当を方針としながらも，3年連続で赤字を計上した厳しい経営成績を勘案して配当を見送った。

用や，送配電設備の合理化に取り組んでいる。

　ネットワークの次世代化については，当初の予定通りスマートメーターの設置は完了し，今後は次の定期取替に向け次世代スマートメーターの導入検討を進めるとともに，引き続き新型電圧調整器の設置などを進めていく。

　また，2023年4月より託送料金を改定したが，必要な投資を効率的かつ計画的に実施しながら，引き続きさらなる効率化に取り組むことで，託送料金の抑制に努めていく。

　そして，2050年における目指す姿を掲げた中部電力パワーグリッドビジョンの実現に向け，脱炭素化に向けた取り組みの推進及び地域のニーズに寄り添ったサービスの展開により，地域の未来像実現に貢献できるよう努めていく。

［JERA］

〔業績〕

　燃料上流・調達から発電，電力・ガスの販売に伴う経常損益は，燃料価格の変動が電力販売価格に反映されるまでの期ずれについて差損の縮小はあったものの，LNGスポット価格の高騰による収支の悪化などから，前連結会計年度と比べ239億円悪化し242億円の損失となった。なお，期ずれを除いたJERAによる連結経常利益への影響は670億円程度となった。

〔当連結会計年度の取り組み〕

　燃料上流・調達から発電，電力・ガス販売にいたるバリューチェーンの最適運用，効率的運営に努めつつ，安定的な燃料調達などエネルギーの安定供給確保における重要な役割も担っている。

　燃料制約や需給ひっ迫の回避に向けては，休止火力発電所の再稼働などを通じ，追加供給力の確保などに取り組むとともに，需給変化を迅速に捉え，（株）JERAの子会社であるJERA Global Marketsを通じた機動的な調達により，安定的な燃料確保に努めてきた。

　また，エネルギーの安定供給を確保しながら，2050年時点で国内外の事業から排出されるCO_2を実質ゼロとするJERAゼロエミッション2050に向けた取り組みを進めている。

(point) **増収をコスト増が上回りキャッシュ・フローが悪化**

　景気回復傾向に伴い電気を多く使用する製造業の生産量が増加したために，販売電力量と共に営業活動によるキャッシュインも増加した。一方で，メインとなる火力発電の燃料単価が上昇したことや円安の影響もあったことから，燃料費のキャッシュアウトが大幅に増加した結果，営業活動によるキャッシュ・フローは減少となった。

まずは発電時にCO_2を排出しない燃料であるアンモニアの混焼技術の確立を目指し，碧南火力発電所4号機において，アンモニア20％混焼の実証実験に着手する。さらに，燃料アンモニアの製造や調達に向けた協業の検討を進めるなどサプライチェーン構築にも取り組んでいる。

(注)　JERAゼロエミッション2050は，脱炭素技術の着実な進展と経済合理性，政策との整合性を前提としている。JERAは，引き続き，自ら脱炭素技術の開発を進め，経済合理性の確保に向けて主体的に取り組んでいく。

（目標とする経営指標の達成状況等）

　当社は，2022年4月に中期経営目標として，「2025年度に連結経常利益1,800億円以上，ROIC3.0％以上」を設定しており，当連結会計年度における期ずれ影響を除いた連結経常利益は1,560億円程度，ROIC（期ずれ除き）は2.9％となった。

〔連結収支比較表〕

項　　　　目		前連結会計年度 （自　2021年4月1日 至　2022年3月31日） 金額（億円）	当連結会計年度 （自　2022年4月1日 至　2023年3月31日） 金額（億円）	増　　減 金額（億円）	増減率（％）
経常収益	営業収益（売上高）	27,051	39,866	12,815	47.4
	営業外収益	225	107	△118	△52.5
	合　　計	27,277	39,974	12,696	46.5
経常費用	営業費用	27,589	38,795	11,205	40.6
	営業外費用	280	526	245	87.5
	合　　計	27,870	39,322	11,451	41.1
（営業損益）		（△538）	（1,070）	（△1,609）	（―）
経常損益		△593	651	1,244	―
渇水準備金		△203	△3	200	△98.4
特別利益		―	453	453	―
特別損失		55	417	362	658.4
法人税等		△43	311	354	―
非支配株主に帰属する当期純損益		28	△3	△32	―
親会社株主に帰属する当期純損益		△430	382	812	―

(注)　1　特別利益：当連結会計年度　有価証券売却益
　　　2　特別損失：当連結会計年度　減損損失，独占禁止法関連損失
　　　　　　　　　前連結会計年度インバランス収支還元損失
　　　3　内部取引相殺消去後（億円未満切り捨て）

(3) キャッシュ・フローの状況の分析 ······················

　営業活動によるキャッシュ・フローは，税金等調整前当期純損益が改善したことや，当連結会計年度に法人税等の還付があったことなどから，前連結会計年度に比べ2,741億円増加し2,957億円の収入となった。

　投資活動によるキャッシュ・フローは，固定資産の取得による支出の増加はあったものの，政策保有株式の一部売却による収入があったことなどから，前連結会計年度に比べ650億円支出が減少し1,969億円の支出となった。

　この結果，フリー・キャッシュ・フローは，前連結会計年度に比べ3,392億円改善し988億円の収入となった。

　財務活動によるキャッシュ・フローは，資金調達による収入が減少したことなどから，前連結会計年度に比べ1,931億円減少し732億円の収入となった。

　これらにより，当連結会計年度末の現金及び現金同等物は，前連結会計年度末と比べ1,723億円増加した。

　資本の財源及び資金の流動性について，当社グループは，主に電気事業の運営上必要な設備資金を，社債発行や銀行借入等により調達し，短期的な運転資金は，主に短期社債により調達することを基本としている。

〔連結キャッシュ・フロー比較表（要旨）〕

項　　　　目	前連結会計年度 （自 2021年4月1日 至 2022年3月31日） 金額（億円）	当連結会計年度 （自 2022年4月1日 至 2023年3月31日） 金額（億円）	増　　減 金額（億円）	増減率（%）
営業活動によるキャッシュ・フロー　①	216	2,957	2,741	大
投資活動によるキャッシュ・フロー　②	△2,620	△1,969	650	△24.8
財務活動によるキャッシュ・フロー	2,664	732	△1,931	△72.5
フリー・キャッシュ・フロー　①＋②	△2,403	988	3,392	—

項　　　　目	前連結会計年度末 （2022年3月31日） 金額（億円）	当連結会計年度末 （2023年3月31日） 金額（億円）	増　　減 金額（億円）	増減率（%）
現金及び現金同等物の期末残高	2,011	3,734	1,723	85.7

（注）　億円未満切り捨て

(4)　重要な会計上の見積り及び当該見積りに用いた仮定 ························

　当社グループの連結財務諸表は，わが国において一般に公正妥当と認められている会計基準に基づき作成されている。この連結財務諸表を作成するにあたり重要となる会計方針については，「第5　経理の状況　1　連結財務諸表等　(1)連結財務諸表注記事項（連結財務諸表作成のための基本となる重要な事項）」に記載されているとおりである。

　当社グループは，固定資産の評価，繰延税金資産，貸倒引当金，退職給付に係る負債及び資産，企業結合などに関して，過去の実績や当該取引の状況に照らして，合理的と考えられる見積り及び判断を行い，その結果を資産・負債の帳簿価額及び収益・費用の金額に反映して連結財務諸表を作成しているが，実際の結果は見積り特有の不確実性があるため，これらの見積りと異なる場合がある。

　また，連結財務諸表の作成にあたって用いた会計上の見積り及び仮定のうち，重要なものは「第5　経理の状況　1　連結財務諸表等　(1)連結財務諸表注記事項（重要な会計上の見積り）」に記載している。

設備の状況

1　設備投資等の概要

　設備投資については，水力発電設備や原子力発電設備など非化石電源投資に取り組むとともに，グループ全体で，電力の安定供給や公衆保安を確保したうえで，設備のスリム化などの経営効率化に最大限取り組んだ結果，当連結会計年度の設備投資額は，262,249百万円となった。

　なお，セグメントごとの設備投資額の内訳は，以下のとおりである。

セグメントの名称	項目	設備投資額(百万円)
ミライズ		28,830
パワーグリッド	送電	38,322
	変電	32,214
	配電	45,357
	その他	26,251
	合計	142,144
その他		106,048
内部取引消去		△14,773
総計		262,249

2　主要な設備の状況

（1）　提出会社

電気事業固定資産

区分	セグメントの名称	設備概要		帳簿価額(百万円)						従業員数(人)
				土地	構築物	機械装置	その他	内部取引等の消去	計	
水力発電設備	その他	発電所数	199 カ所	(56,252,772)						855
		最大出力	5,466,660 kW	12,047	176,320	72,152	16,079	△3,892	272,707	
原子力発電設備	その他	発電所数	1 カ所	(1,794,774)						955
		最大出力	3,617,000 kW	12,979	19,859	40,316	66,992	△2,178	137,969	
新エネルギー等発電設備	その他	発電所数	9 カ所	(180,094)						104
		最大出力	89,191 kW	3,482	181	14,824	1,455	△72	19,871	
業務設備	その他	本店	1 カ所	(955,866)						1,189
		支店(社)	2 カ所	6,074	112	1,276	17,879	△1,202	24,141	
計		―		(59,183,507)						3,103
				34,584	196,475	128,569	102,406	△7,346	454,689	

（注）1　従業員数（就業人員数）は，建設工事従事者11人，附帯事業従事者39人，合計50人を除いたものである。

2　帳簿価額には，貸付設備6百万円（土地6百万円）を含まない。
3　土地の（　）内数字は面積（単位m²）を示し，借地2,125,977m²を除いたものである。

主要発電設備

主要水力発電設備

発電所名	所在地	水系	出力(kW)		土地面積(m²)
			最大	常時	
奥矢作第一	愛知県豊田市	矢作川	323,000	—	592,347
奥矢作第二	〃	〃	780,000	—	498,035
畑薙第一	静岡県静岡市	大井川	86,000	1,400	2,381,268
畑薙第二	〃	〃	86,600	14,700	312,362
奥泉	静岡県榛原郡川根本町	〃	92,000	35,600	371,625
大井川	〃	〃	68,200	28,800	363,743
井川	静岡県静岡市	〃	62,000	13,000	3,224,739
川口	静岡県島田市	〃	58,000	19,300	558,405
奥美濃	岐阜県本巣市	木曽川	1,500,000	—	4,047,647
高根第一	岐阜県高山市	〃	340,000	—	1,799,716
馬瀬川第一	岐阜県下呂市	〃	288,000	—	4,861,501
馬瀬川第二	〃	〃	66,400	—	464,542
小坂	〃	〃	50,100	17,400	250,262
横山	岐阜県揖斐郡揖斐川町	〃	70,000	800	9,519
徳山	〃	〃	164,000	5,290	16,224,455
新上麻生	岐阜県加茂郡七宗町	〃	61,400	—	21,322
矢作第一	岐阜県恵那市	矢作川	61,200	1,700	17,512
平岡	長野県下伊那郡天龍村	天竜川	101,000	23,900	2,504,455
泰阜	長野県下伊那郡泰阜村	〃	54,500	11,800	765,824

原子力発電設備

発電所名	所在地	出力(kW)	土地面積(m²)
浜岡	静岡県御前崎市	3,617,000	1,794,774

主要業務設備

事業所名	所在地	土地面積(m²)
本店	愛知県名古屋市東区他	301,966

(2) 国内子会社 ···

① 中部電力パワーグリッド

電気事業固定資産

区分	セグメントの名称	設備概要			帳簿価額(百万円) 土地	構築物	機械装置	その他	内部取引等の消去	計	従業員数(人)
内燃力発電設備	パワーグリッド	発電所数		1 カ所	(一)						
		最大出力		400 kW	—	—	78	31	△3	106	—
送電設備	パワーグリッド	架空電線路	亘長	10,625 km	(8,647,572)						
			回線延長	19,950 km							
		地中電線路	亘長	1,342 km							
			回線延長	2,446 km							
		支持物数		34,871 基	91,281	456,001	24,178	12,649	△11,271	572,839	965
変電設備	パワーグリッド	変電所		1,004 カ所							
		出力		300,000 kW							
				128,484,600 kVA	(7,792,055)						
		調相設備容量		14,290,656 kVA							
		連系所		2 カ所							
		出力		1,200,000 kW							
		調相設備容量		620,000 kVA	85,876	—	326,625	38,030	△6,879	443,652	1,166
配電設備	パワーグリッド	架空電線路	亘長	131,308 km							
			電線延長	556,838 km							
		地中電線路	亘長	4,750 km	(3,950)						
			電線延長	6,957 km							
		支持物数		2,871,305 基							
		変圧器個数		1,645,290 個							
		変圧器容量		86,816,959 kVA	37	590,978	219,983	23,297	△38,907	795,389	4,182
業務設備	パワーグリッド	本社		1 カ所	(744,271)						
		支社		6 カ所							
		営業所		55 カ所	22,253	0	24,396	53,850	△3,349	97,151	3,115
計		—			(17,187,848) 199,448	1,046,979	595,263	127,859	△60,411	1,909,140	9,428

(注) 1　従業員数(就業人員数)は，建設工事従事者105人を除いたものである
　　　2　帳簿価額には，貸付設備425百万円(土地425百万円)を含まない。
　　　3　土地の(　)内数字は面積(単位 m²)を示し，借地 1,428,267 m² を除いたものである。
　　　4　変電所出力の上段 300,000kW は，周波数変換設備の出力である。

主要送電設備

線路名	種別	電圧(kV)	亘長(km)
信濃幹線	架空	500	45
南信幹線	〃	500	70
西部幹線	〃	500	80
東部幹線	〃	500	76
駿遠幹線	〃	500	46
東栄幹線	〃	500	42
新三河幹線	〃	500	30
浜岡幹線	〃	500	29
静岡幹線	〃	500	50
奥美濃岐北線	〃	500	21
岐北分岐線	〃	500	1
豊根連絡線	〃	500	11
豊根幹線	〃	500	43
愛岐幹線	〃	500	82
三岐幹線	〃	500	90
岐阜連絡線	〃	500	13
越美幹線	〃	500	110
飛騨分岐線	〃	500	1
三重東近江線	〃	500	3
三重連絡線	〃	500	6
第二浜岡幹線	〃	500	33
静岡連絡線	〃	500	7

主要変電設備

変電所名	所在地	電圧(kV)	出力(kVA)	土地面積(㎡)
東部	愛知県豊田市	500	4,000,000	153,426
愛知	〃	500	3,000,000	165,651
新三河	愛知県新城市	500	3,000,000	78,175
東栄	愛知県北設楽郡東栄町	500	800,000	63,718
静岡	静岡県島田市	500	1,000,000	113,901
駿遠	静岡県掛川市	500	5,000,000	219,977
西部	三重県いなべ市	500	3,000,000	162,549
北部	岐阜県関市	500	3,000,000	223,945
信濃	長野県塩尻市	500	3,000,000	133,553
南信	長野県駒ケ根市	500	800,000	167,399

連系所名	所在地	電圧(kV)	出力(kW)	土地面積(㎡)
南福光	富山県南砺市	500	300,000	330,866
飛騨(変換所)	岐阜県高山市	500	900,000	—

主要業務設備

事業所名	所在地	土地面積（㎡）
支社等	愛知県名古屋市中区他	744,271

② その他の国内子会社 ······································

会社名 （本社所在地）	主な セグメント の名称	設備の内容	帳簿価額（百万円）						従業員数 （人）
			土地	構築物	機械装置	その他	内部取引 等の消去	計	
㈱シーエナジー （愛知県名古屋市東区）	ミライズ	太陽光発電設備 他	（一） —	2,702	28,879	15,580	11	47,173	194
CEPO半田バイオマス発電㈱ （愛知県半田市）	ミライズ	バイオマス発電設備 他	(38,362) 1,550	194	9,570	3,179	—	14,494	—
㈱トーエネック （愛知県名古屋市中区）	その他	太陽光発電設備 他	(550,762) 34,582	1,936	21,187	77,059	—	134,766	4,808
中電不動産㈱ （愛知県名古屋市中区）	その他	建物 他	(1,367,176) 25,391	577	164	33,853	△188	59,799	537
㈱中部プラントサービス （愛知県名古屋市熱田区）	その他	建物 他	(65,418) 4,504	284	3,720	4,961	△2	13,469	1,407
㈱シーテック （愛知県名古屋市緑区）	その他	建物 他	(113,613) 7,094	1,708	9,869	14,535	△602	32,606	1,678
㈱中電シーティーアイ （愛知県名古屋市東区）	その他	建物 他	（一） —	1	—	14,318	—	14,319	1,146
㈱青山高原ウインドファーム （三重県津市）	その他	風力発電設備 他	(1,689) 12	1,398	8,776	322	△0	10,509	9
㈱日本エスコン （東京都港区）	その他	土地 他	(55,470) 13,857	32	—	4,944	—	18,834	257
㈱ピカソ （大阪府大阪市中央区）	その他	土地 他	(16,608) 12,519	—	—	9,287	—	21,806	19
優木産業㈱ （大阪府大阪市中央区）	その他	建物 他	(17,201) 5,106	—	—	5,980	—	11,087	—

(注) 1 従業員数は就業人員数を記載している。

2 土地の（ ）内数字は面積（単位㎡）を示し，借地を除いたものである。

---

point **財務諸表**

　　この項目では，連結ではなく単体の貸借対照表と，損益計算書の内訳を確認すること
ができる。連結＝単体＋子会社なので，会社によっては単体の業績を調べて連結全体
の業績予想のヒントにする場合があるが，あまりその必要性がある企業は多くない。

3 設備の新設，除却等の計画

　お客さまに地球環境に配慮した良質なエネルギーを安全，安価で安定的にお届けするため，2023年度の設備計画は，多様な電源をバランスよく組み合わせた電源構成を確立するとともに，電力ネットワークの信頼性の向上と効率的な設備形成を実現することを目指して策定した。

設備投資額

　原子力発電の今後の見通しが不透明な状況であるため，2023年度の連結ベースの設備投資額の詳細は未定であるが，3,000億円程度を見込んでおり，セグメントごとの設備投資額（セグメント間取引消去前）の内訳は，ミライズが300億円程度，パワーグリッドが1,700億円程度，その他が1,000億円程度である。なお，所要資金については，自己資金，社債及び借入金で充当する予定である。

主な新設

　パワーグリッド

　（変電）

件名	電圧(kV)	出力(千kVA)	着工	運転開始
下伊那変電所	500	600	2021／10	2025／10
北四日市変電所	275	1,350	2026／4	2029／1

（注）　運転開始時期が未定の設備については記載していない。

提出会社の状況

1 株式等の状況

(1) 株式の総数等 ··

① 株式の総数

種類	発行可能株式総数(株)
普通株式	1,190,000,000
計	1,190,000,000

② 発行済株式

種類	事業年度末現在発行数(株)(2023年3月31日)	提出日現在発行数(株)(2023年6月29日)	上場金融商品取引所名又は登録認可金融商品取引業協会名	内容
普通株式	758,000,000	758,000,000	東京証券取引所プライム市場名古屋証券取引所プレミア市場	単元株式数は100株である。
計	758,000,000	758,000,000	—	—

(point) **再エネ特措法交付金とは**

再生可能エネルギー特措法が2012年に施行されたことに伴い,太陽光や風力,地熱といった再生可能エネルギーにより発電された電気を,電力会社が固定価格で買い取ることが義務化された。この買い取り分に応じて,国から交付金が支給されるため,この分を再エネ特措法交付金として営業収益に計上している。

経理の状況

1 連結財務諸表及び財務諸表の作成方法について

（1） 当社の連結財務諸表は，「連結財務諸表の用語，様式及び作成方法に関する規則」（1976年10月30日　大蔵省令第28号）に準拠し「電気事業会計規則」（1965年6月15日　通商産業省令第57号）に準じて作成している。

（2） 当社の財務諸表は，「財務諸表等の用語，様式及び作成方法に関する規則」（1963年11月27日　大蔵省令第59号，以下「財務諸表等規則」という。）第2条に基づき「電気事業会計規則」（1965年6月15日　通商産業省令第57号）によっているが，一部については「財務諸表等規則」に準拠して作成している。

2 監査証明について

当社は，金融商品取引法第193条の2第1項の規定に基づき，連結会計年度（自2022年4月1日　至　2023年3月31日）の連結財務諸表並びに事業年度（自2022年4月1日　至　2023年3月31日）の財務諸表について，有限責任あずさ監査法人の監査を受けている。

3 連結財務諸表等の適正性を確保するための特段の取組みについて

当社は，連結財務諸表等の適正性を確保するための特段の取組みを行っている。具体的には，会計基準等の内容を適切に把握できる体制を整備するため，公益財団法人財務会計基準機構へ加入し，また，当該機構の行う研修に参加している。

---

point **水蒸気でタービン発電機を回す汽力発電**

汽力発電は火力発電の一種である。中部電力の発電量の大部分を占める。原子力発電所の稼働が停止して以来，燃料購入量が増加した。この傾向は他の電力会社でも同様であることや，昨今新興国でのエネルギー需要が高まっていることなどから，燃料価格が上昇した結果，2013年度は汽力発電費が増加している。

1 連結財務諸表等

(1) 【連結財務諸表】 ································

① 【連結貸借対照表】

(単位：百万円)

	前連結会計年度 (2022年3月31日)		当連結会計年度 (2023年3月31日)	
資産の部				
固定資産		5,234,730		5,288,432
電気事業固定資産	※1,※2	2,358,619	※1,※2	2,374,221
水力発電設備		272,370		272,707
原子力発電設備		146,380		137,969
送電設備		575,629		572,839
変電設備		445,480		443,652
配電設備		782,777		795,389
業務設備		114,420		131,252
その他の電気事業固定資産		21,559		20,411
その他の固定資産	※1,※2,※6	418,349	※1,※2,※6	436,309
固定資産仮勘定		422,545		438,680
建設仮勘定及び除却仮勘定		370,324		376,015
使用済燃料再処理関連加工仮勘定		52,220		62,664
核燃料		194,772		193,250
装荷核燃料		40,040		40,040
加工中等核燃料		154,731		153,210
投資その他の資産		1,840,443		1,845,970
長期投資	※6	246,297	※6	203,845
関係会社長期投資	※3,※6	1,391,731	※3,※6	1,442,048
退職給付に係る資産		17,109		1,783
繰延税金資産	※6	174,086	※6	183,136
その他	※6	24,982	※6	28,367
貸倒引当金（貸方）		△13,764		△13,210
流動資産		940,003		1,166,669
現金及び預金	※6	203,207	※6	361,325
受取手形、売掛金及び契約資産	※4,※6	344,219	※4,※6	365,548
棚卸資産	※5,※6	190,779	※5,※6	196,444
その他	※6	204,616	※6	244,984
貸倒引当金（貸方）		△2,819		△1,633
合計	※6	6,174,734	※6	6,455,102

(point) **再生可能エネルギー買い取り費用を計上**

再生可能エネルギー特措法の施行により，他社から電気を買い取った際の費用を主に計上している。この制度の普及，売電申請者の増加により，買い取り金額も増加している。しかし，売電の申請者数が想定を上回ったために，2014年には，政府は大規模な太陽光発電の新規認定を一時停止する検討に入った。

	前連結会計年度 （2022年 3 月31日）	当連結会計年度 （2023年 3 月31日）
負債及び純資産の部		
固定負債	2,809,397	3,032,667
社債	※6 792,760	※6 862,960
長期借入金	※6 1,397,301	※6 1,548,176
原子力発電所運転終了関連損失引当金	7,956	7,956
退職給付に係る負債	139,070	136,875
資産除去債務	266,183	290,189
その他	206,123	186,510
流動負債	1,240,073	1,258,555
1年以内に期限到来の固定負債	※6 262,077	※6 234,963
短期借入金	※6 269,044	※6 280,276
コマーシャル・ペーパー	79,000	—
支払手形及び買掛金	279,243	327,487
未払税金	26,353	50,589
その他	※7 324,355	※7 365,238
特別法上の引当金	1,990	1,674
渇水準備引当金	1,990	1,674
負債合計	4,051,461	4,292,897
株主資本	1,891,480	1,891,735
資本金	430,777	430,777
資本剰余金	70,716	70,571
利益剰余金	1,392,720	1,393,120
自己株式	△2,734	△2,733
その他の包括利益累計額	125,648	169,074
その他有価証券評価差額金	47,446	15,097
繰延ヘッジ損益	16,556	32,133
為替換算調整勘定	62,747	133,859
退職給付に係る調整累計額	△1,102	△12,016
新株予約権	0	0
非支配株主持分	106,143	101,394
純資産合計	2,123,272	2,162,205
合計	6,174,734	6,455,102

② 【連結損益計算書及び連結包括利益計算書】

【連結損益計算書】

(単位：百万円)

	前連結会計年度 (自 2021年4月1日 至 2022年3月31日)	当連結会計年度 (自 2022年4月1日 至 2023年3月31日)
営業収益	※1 2,705,162	※1 3,986,681
電気事業営業収益	2,180,931	3,286,145
その他事業営業収益	524,230	700,536
営業費用	※2,※3,※4 2,758,992	※2,※3,※4 3,879,592
電気事業営業費用	2,254,983	3,221,252
その他事業営業費用	504,009	658,339
営業利益又は営業損失（△）	△53,830	107,089
営業外収益	22,589	10,721
受取配当金	2,907	3,281
受取利息	312	331
持分法による投資利益	5,444	―
インバランス収支還元収益	4,167	―
その他	9,756	7,108
営業外費用	28,078	52,661
支払利息	18,987	19,889
持分法による投資損失	―	12,986
その他	9,091	19,785
当期経常収益合計	2,727,751	3,997,403
当期経常費用合計	2,787,071	3,932,254
当期経常利益又は当期経常損失（△）	△59,319	65,148
渇水準備金引当又は取崩し	△20,357	△315
渇水準備引当金取崩し（貸方）	△20,357	△315
特別利益	―	45,318
有価証券売却益		45,318
特別損失	5,510	41,792
減損損失	―	※6 14,236
インバランス収支還元損失	※5 5,510	―
独占禁止法関連損失	―	※7 27,555
税金等調整前当期純利益又は税金等調整前当期純損失（△）	△44,473	68,991
法人税、住民税及び事業税	11,626	25,697
法人税等調整額	△15,948	5,416
法人税等合計	△4,322	31,114
当期純利益又は当期純損失（△）	△40,150	37,876
非支配株主に帰属する当期純利益又は非支配株主に帰属する当期純損失（△）	2,872	△354
親会社株主に帰属する当期純利益又は親会社株主に帰属する当期純損失（△）	△43,022	38,231

【連結包括利益計算書】

（単位：百万円）

	前連結会計年度 （自 2021年4月1日 至 2022年3月31日）	当連結会計年度 （自 2022年4月1日 至 2023年3月31日）
当期純利益又は当期純損失（△）	△40,150	37,876
その他の包括利益		
その他有価証券評価差額金	1,438	△31,982
繰延ヘッジ損益	1,037	133
為替換算調整勘定	562	774
退職給付に係る調整額	△4,854	△13,180
持分法適用会社に対する持分相当額	68,197	86,884
その他の包括利益合計	※1 66,381	※1 42,629
包括利益	26,230	80,506
（内訳）		
親会社株主に係る包括利益	22,949	81,657
非支配株主に係る包括利益	3,281	△1,150

③ 【連結株主資本等変動計算書】

前連結会計年度（自　2021年4月1日　至　2022年3月31日）

（単位：百万円）

	株主資本				
	資本金	資本剰余金	利益剰余金	自己株式	株主資本合計
当期首残高	430,777	70,732	1,472,678	△2,697	1,971,490
会計方針の変更による累積的影響額			898		898
会計方針の変更を反映した当期首残高	430,777	70,732	1,473,576	△2,697	1,972,388
当期変動額					
剰余金の配当			△37,833		△37,833
親会社株主に帰属する当期純損失（△）			△43,022		△43,022
自己株式の取得				△39	△39
自己株式の処分			△0	3	2
非支配株主との取引に係る親会社の持分変動		△16			△16
株主資本以外の項目の当期変動額（純額）					
当期変動額合計	－	△16	△80,856	△36	△80,908
当期末残高	430,777	70,716	1,392,720	△2,734	1,891,480

	その他の包括利益累計額					新株予約権	非支配株主持分	純資産合計
	その他有価証券評価差額金	繰延ヘッジ損益	為替換算調整勘定	退職給付に係る調整累計額	その他の包括利益累計額合計			
当期首残高	45,002	△435	11,216	3,892	59,675	－	72,518	2,103,684
会計方針の変更による累積的影響額							270	1,168
会計方針の変更を反映した当期首残高	45,002	△435	11,216	3,892	59,675	－	72,788	2,104,853
当期変動額								
剰余金の配当								△37,833
親会社株主に帰属する当期純損失（△）								△43,022
自己株式の取得								△39
自己株式の処分								2
非支配株主との取引に係る親会社の持分変動								△16
株主資本以外の項目の当期変動額（純額）	2,444	16,991	51,531	△4,995	65,972	0	33,355	99,328
当期変動額合計	2,444	16,991	51,531	△4,995	65,972	0	33,355	18,419
当期末残高	47,446	16,556	62,747	△1,102	125,648	0	106,143	2,123,272

当連結会計年度（自　2022年4月1日　至　2023年3月31日）

（単位：百万円）

	株主資本				
	資本金	資本剰余金	利益剰余金	自己株式	株主資本合計
当期首残高	430,777	70,716	1,392,720	△2,734	1,891,480
当期変動額					
剰余金の配当			△37,831		△37,831
親会社株主に帰属する 　当期純利益			38,231		38,231
自己株式の取得				△37	△37
自己株式の処分			△0	38	38
非支配株主との取引に 　係る親会社の持分変動		△145			△145
株主資本以外の項目の 　当期変動額（純額）					
当期変動額合計	－	△145	399	0	255
当期末残高	430,777	70,571	1,393,120	△2,733	1,891,735

	その他の包括利益累計額					新株予約権	非支配株主持分	純資産合計
	その他 有価証券 評価差額金	繰延ヘッジ 損益	為替換算 調整勘定	退職給付 に係る 調整累計額	その他の 包括利益 累計額合計			
当期首残高	47,446	16,556	62,747	△1,102	125,648	0	106,143	2,123,272
当期変動額								
剰余金の配当								△37,831
親会社株主に帰属する 　当期純利益								38,231
自己株式の取得								△37
自己株式の処分								38
非支配株主との取引に 　係る親会社の持分変動								△145
株主資本以外の項目の 　当期変動額（純額）	△32,348	15,576	71,111	△10,913	43,425	△0	△4,748	38,676
当期変動額合計	△32,348	15,576	71,111	△10,913	43,425	△0	△4,748	38,932
当期末残高	15,097	32,133	133,859	△12,016	169,074	0	101,394	2,162,205

④ 【連結キャッシュ・フロー計算書】

（単位：百万円）

	前連結会計年度 （自 2021年4月1日 至 2022年3月31日）	当連結会計年度 （自 2022年4月1日 至 2023年3月31日）
営業活動によるキャッシュ・フロー		
税金等調整前当期純利益又は税金等調整前当期 純損失（△）	△44,473	68,991
減価償却費	189,154	155,927
減損損失	–	14,236
有価証券売却益	–	△45,318
原子力発電施設解体費	9,725	10,257
固定資産除却損	6,126	8,667
退職給付に係る負債及び資産の増減額	△5,674	△5,236
独占禁止法関連損失	–	27,555
渇水準備引当金の増減額（△は減少）	△20,357	△315
受取利息及び受取配当金	△3,220	△3,612
支払利息	18,987	19,889
インバランス収支還元損失	5,510	–
持分法による投資損益（△は益）	△5,444	12,986
売上債権及び契約資産の増減額（△は増加）	△27,921	△20,463
棚卸資産の増減額（△は増加）	△27,866	△5,654
仕入債務の増減額（△は減少）	84,243	48,207
その他	△94,122	△14,127
小計	84,668	271,990
利息及び配当金の受取額	25,550	33,216
利息の支払額	△19,208	△19,812
法人税等の支払額又は還付額（△は支払）	△69,320	10,403
営業活動によるキャッシュ・フロー	21,688	295,798
投資活動によるキャッシュ・フロー		
固定資産の取得による支出	△232,153	△249,044
投融資による支出	△63,533	△47,603
投融資の回収による収入	10,814	79,127
連結の範囲の変更を伴う子会社株式の 取得による支出	※2 △24,575	–
連結の範囲の変更を伴う子会社株式の 取得による収入	※2 22,353	0
その他	25,072	20,592
投資活動によるキャッシュ・フロー	△262,021	△196,928

（単位：百万円）

	前連結会計年度 （自 2021年4月1日 至 2022年3月31日）	当連結会計年度 （自 2022年4月1日 至 2023年3月31日）
財務活動によるキャッシュ・フロー		
社債の発行による収入	154,622	149,775
社債の償還による支出	△5,610	△80,000
長期借入れによる収入	345,583	312,821
長期借入金の返済による支出	△240,857	△194,034
短期借入れによる収入	309,024	357,241
短期借入金の返済による支出	△299,591	△341,759
コマーシャル・ペーパーの発行による収入	397,000	―
コマーシャル・ペーパーの償還による支出	△338,000	△79,000
自己株式の取得による支出	△39	△39
配当金の支払額	△37,758	△37,807
非支配株主への配当金の支払額	△3,923	△4,232
その他	△14,046	△9,716
財務活動によるキャッシュ・フロー	266,403	73,248
現金及び現金同等物に係る換算差額	176	210
現金及び現金同等物の増減額（△は減少）	26,247	172,328
現金及び現金同等物の期首残高	174,909	201,156
現金及び現金同等物の期末残高	※1 201,156	※1 373,484

【注記事項】

（連結財務諸表作成のための基本となる重要な事項）

1　連結の範囲に関する事項 ···

（1）　連結子会社数　62社 ···

すべての子会社を連結の範囲に含めている。

（異動の状況）

新規　3社

（株）Balance Responsible Party，合同会社CR-01，中電テレメータリング合同会社は，出資により，連結の範囲に含めている。

除外　6社

ヴィーナスコーポレーション（株），（株）キュービック，（株）サンタ，平野物産（株），（株）Aria，（有）栄角は，（株）ピカソを存続会社とする吸収合併に伴う消滅により，連結の範囲から除外している。

（2）　主要な連結子会社名 ···

中部電力ミライズ（株），（株）シーエナジー，ダイヤモンドパワー（株），

CEPO半田バイオマス発電（株），中部電力パワーグリッド（株），中電配電サポート（株），（株）トーエネック，中電クラビス（株），中部精機（株），中電不動産（株），（株）中電オートリース，（株）中部プラントサービス，（株）シーテック，（株）テクノ中部，（株）中電シーティーアイ，（株）トーエネックサービス，旭シンクロテック（株），（株）日本エスコン，（株）ピカソ

2　持分法の適用に関する事項 ………………………………………………
（1）　持分法適用の関連会社数　72社 ………………………………………
すべての関連会社を持分法の適用範囲に含めている。

（異動の状況）

　　新規　12社

　　　（株）エネワンでんき，中電ソザイテラス合同会社，豊富 Wind Energy 合同会社，（株）Global NewEnergy Togo, 境港昭和町バイオマス発電合同会社，合同会社 FSPS 八風，（株）GDBL, OMC Power PrivateLimited, BRITANIA BANGNA KM.39 CO.,LTD., 秋田由利本荘オフショアウィンド合同会社，秋田能代・三種・男鹿オフショアウィンド合同会社，千葉銚子オフショアウィンド合同会社は，出資により，持分法の適用範囲に含めている。

　　除外　4社

　　　トヨタグリーンエナジー有限責任事業組合，合同会社フリート EV イニシアティブ，グリッドデータバンク・ラボ有限責任事業組合は，清算結了により，ORIGIN KNIGHTSBRIDGE THEPHARAK CO.,LTD.は，株式譲渡により，持分法の適用範囲から除外している。

（2）　主要な持分法適用の関連会社名 ………………………………………
（株）CD エナジーダイレクト，新日本ヘリコプター（株），（株）JERA, Artemis II-CMGT 1 GmbH, Artemis II-CMGT 2 GmbH, Diamond Chubu EuropeB.V., Bitexco PowerCorporation, 愛知電機（株），東海コンクリート工業（株），中部テレコミュニケーション（株）

3　連結子会社の事業年度等に関する事項 ･････････････････････････････････

　連結子会社の決算日が連結決算日と異なる会社は，Chubu Electric Power Company Netherlands B.V.及び（株）日本エスコン他20社であり，ESCON JAPAN （THAILAND）CO.,LTD.の決算日は11月30日，その他の会社の決算日は12月31日である。

　なお，連結財務諸表の作成にあたっては，決算日が連結決算日と異なる会社のうち（株）日本エスコン他15社については，連結決算日現在で実施した仮決算に基づく財務諸表を使用している。その他の連結子会社については，当該連結子会社の決算日現在の財務諸表を使用し，連結決算日との間に生じた重要な取引について連結上必要な調整を行っている。

4　会計方針に関する事項 ･･･
（1）　重要な資産の評価基準及び評価方法 ･･･････････････････････････････
①　有価証券
　その他有価証券のうち市場価格のない株式等以外のものは時価法（評価差額は全部純資産直入法により処理し，売却原価は移動平均法により算定），市場価格のない株式等は移動平均法による原価法によっている。
②　デリバティブ
　時価法によっている。
③　棚卸資産
　棚卸資産のうち販売用不動産は個別法による原価法（連結貸借対照表価額については収益性の低下に基づく簿価切下げの方法）によっている。
（2）　重要な減価償却資産の減価償却の方法 ･･･････････････････････････
　有形固定資産は主として定額法，無形固定資産は定額法によっている。耐用年数については主として法人税法の定めによっている。
（3）　重要な引当金の計上基準 ･･･････････････････････････････････････
①　貸倒引当金
　売掛債権等の貸倒れによる損失に備えるため，一般債権については貸倒実績率により，破産更生債権等特定の債権については個別に回収可能性を検討し，

回収不能見込額を計上している。

② 原子力発電所運転終了関連損失引当金

　　浜岡原子力発電所1，2号機の運転終了に伴い，今後発生する費用または損失に備えるため，当連結会計年度末における合理的な見積額を計上している。

③ 渇水準備引当金

　　渇水による損失に備えるため，電気事業法等の一部を改正する法律（2014年法律第72号）附則第16条第3項の規定によりなおその効力を有するものとして読み替えて適用される同法第1条の規定による改正前の電気事業法（1964年法律第170号）第36条の規定による引当限度額を計上している。

（4）　退職給付に係る会計処理の方法 ·····································

　　従業員の退職給付に充てるため，当連結会計年度末における退職給付債務から年金資産の額を控除した額を退職給付に係る負債（年金資産の額が退職給付債務を超える場合には退職給付に係る資産）に計上している。

① 退職給付見込額の期間帰属方法

　　退職給付債務の算定にあたり，退職給付見込額を当連結会計年度末までの期間に帰属させる方法については，給付算定式基準によっている。

② 数理計算上の差異及び過去勤務費用の費用処理方法

　　過去勤務費用は，その発生時の従業員の平均残存勤務期間以内の一定の年数（連結子会社10～15年）による定額法により費用処理している。

　　数理計算上の差異は，各連結会計年度の発生時における従業員の平均残存勤務期間以内の一定の年数（当社3年，連結子会社3～15年）による定額法（一部の連結子会社は定率法）により按分した額をそれぞれ発生の翌連結会計年度（一部の連結子会社は発生の当連結会計年度）から費用処理することとしている。

（5）　重要な収益及び費用の計上基準 ·····································

　　当社グループの主要な事業は小売電気事業及び一般送配電事業であり，小売電気事業においては，顧客との販売契約に基づいて電気を引き渡す履行義務を負い，一般送配電事業においては，託送供給約款に基づいて託送供給を行う履行義務を負っている。これら履行義務を充足する収益は，検針により決定した電力量に基づき計上（検針日基準）している。

（6）　重要なヘッジ会計の方法 ···

①　ヘッジ会計の方法

繰延ヘッジ，金利スワップの特例処理及び振当処理によっている

②　ヘッジ手段とヘッジ対象

オプション取引等のデリバティブ取引をヘッジ手段とし，電力調達から発生する債務等をヘッジ対象としている。

③　ヘッジ方針

当社グループ業務の範囲内における，実需取引に基づくキャッシュ・フローを対象とし，電力調達コストの変動リスクによる損失回避を図る目的等で，デリバティブ取引を実施している。

④　ヘッジ有効性評価の方法

事前テストとして回帰分析または変動の累積による比率分析，事後テストとして変動の累積を比率分析する方法によっている。なお，ヘッジに高い有効性があると認められるものについては，有効性の評価を省略している。

（7）　のれんの償却方法及び償却期間 ···

のれんの償却については，発生原因に応じ20年以内で均等償却を行っている。

（8）　連結キャッシュ・フロー計算書における資金の範囲 ·······················

連結キャッシュ・フロー計算書における資金（現金及び現金同等物）は，手許現金，要求払預金及び容易に換金可能であり，かつ価値の変動について僅少なリスクしか負わない取得日から3ヶ月以内に償還期限の到来する短期投資としている。

（9）　その他連結財務諸表作成のための重要な事項 ·······························

特定原子力発電施設の廃止措置に係る資産除去債務相当資産の費用計上方法

有形固定資産のうち特定原子力発電施設の廃止措置に係る資産除去債務相当資産の費用計上方法は，「原子力発電施設解体引当金に関する省令」（1989年5月25日　通商産業省令第30号）の定めに従い，原子力発電施設解体費の総見積額を運転期間にわたり，定額法により費用計上する方法によっている。

（重要な会計上の見積り）

1 原子力発電事業の固定資産の評価

（1） 当連結会計年度末の連結財務諸表に計上した金額 ······························

	前連結会計年度 （2022年3月31日）	当連結会計年度 （2023年3月31日）
固定資産仮勘定を含む原子力発電設備	359,317百万円	350,194百万円
	上記金額は，総資産の 約6％を占めている。	上記金額は，総資産の 約5％を占めている。

（注） 前連結会計年度及び当連結会計年度において，将来キャッシュ・フローの総額が固定資産簿価を上
回ったことから，減損損失を認識していない。

（2） 重要な会計上の見積りの内容に関する情報 ······························

　原子力発電事業については，運転停止状況が長期間継続していることなどから，
将来キャッシュ・フローと原子力発電事業の固定資産簿価を比較し，減損損失の
認識の要否を検討する必要がある。

　将来キャッシュ・フローの見積りは，経営者が作成した経営計画を基礎として
行われる。見積りの基礎とした経営計画には，再稼働後の発電による販売収益，
安全性向上対策工事費用の見込みなど経営者の判断を伴う主要な仮定が用いられ
ており，将来キャッシュ・フローの見積りに重要な影響を及ぼす。

2 繰延税金資産の回収可能性 ······························

（1） 当連結会計年度末の連結財務諸表に計上した金額 ······························

　グループ通算制度を適用している当社及び一部の国内連結子会社（以下，「通
算グループ」という。）（前連結会計年度においては，連結納税制度を適用してい
る当社及び一部の国内連結子会社（以下，「連結納税グループ」という。））におい
て回収可能性を判断し，下表のとおり繰延税金資産を計上している。

	前連結会計年度 （2022年3月31日）	当連結会計年度 （2023年3月31日）
連結貸借対照表計上額		
繰延税金資産	174,086百万円	183,136百万円
通算グループ計上額 （前連結会計年度においては，連結納税グループ計上額）		
繰延税金資産(繰延税金負債との相殺前)	179,165百万円	175,486百万円
（うち税務上の繰越欠損金に係る繰延税金資産）	(31,331百万円)	(21,436百万円)

（2） 重要な会計上の見積りの内容に関する情報 ······························

　繰延税金資産は，税務上の繰越欠損金及び将来減算一時差異のうち，将来にわたり税金負担額を軽減することが認められる範囲内において計上しており，通算グループ（前連結会計年度においては，連結納税グループ）における会社分類の妥当性や将来の一時差異等加減算前課税所得の見積り等に基づいて，回収可能性を判断している。

　将来の一時差異等加減算前課税所得の見積りは，経営者が作成した経営計画を基礎として行われる。見積りの基礎とした経営計画には，販売電力量の見通し，卸電力市場からの調達を含む電源調達計画の想定など経営者の判断を伴う主要な仮定が用いられており，繰延税金資産の回収可能性に重要な影響を及ぼす。

（会計方針の変更）

　「時価の算定に関する会計基準の適用指針」（企業会計基準適用指針第31号2021年6月17日）（以下，「時価算定会計基準適用指針」という。）を当連結会計年度の期首から適用し，時価算定会計基準適用指針第27-2項に定める経過的な取扱いに従って，時価算定会計基準適用指針が定める新たな会計方針を将来にわたって適用することとした。

　なお，当連結会計年度の連結財務諸表に与える影響はない。

（未適用の会計基準等）
・「法人税，住民税及び事業税等に関する会計基準」（企業会計基準第27号2022年10月28日）
・「包括利益の表示に関する会計基準」（企業会計基準第25号　2022年10月28日）
・「税効果会計に係る会計基準の適用指針」（企業会計基準適用指針第28号2022年10月28日）

1　概要

　その他の包括利益に対して課税される場合の法人税等の計上区分及びグループ法人税制が適用される場合の子会社株式等の売却に係る税効果の取り扱いを

定めたものである。

2 適用予定日

2025年3月期の期首より適用予定である。

3 当該会計基準等の適用による影響

影響額は，当連結財務諸表の作成時において評価中である。

（会計上の見積りの変更と区別することが困難な会計方針の変更）
有形固定資産の減価償却方法の変更

従来，当社及び連結子会社は，有形固定資産の減価償却方法について，主として定率法を採用していたが，当連結会計年度より主として定額法に変更している。

当社の主たる供給区域である中部エリアにおいては，人口の減少や少子高齢化の進展，省エネや節電の浸透などにより，今後の電力需要は安定的に推移する見込みである。

また，電力システム改革の進展により，発電・小売事業は競争環境下におかれることで，効率的・安定的な事業運営が求められるとともに，送配電事業においても中立性，公平性を確保した効率的運営により安定供給に取り組む役割が期待されている。

さらに，エネルギー基本計画において，原子力や一般水力は安定的かつ運転コストが低廉なベースロード電源として，重要な役割が期待されている。

このような事業環境の変化に対応するため，当社は2022年度を開始年度とする「中部電力グループ中期経営計画」において，電力の安全・安定供給に必要な投資の実施や，設備全般の効率的かつ安定的な稼働に取り組んでいくこととしている。

以上を踏まえると，今後は，電気事業を中心に設備の安定的な使用が見込まれることから，有形固定資産の減価償却は，耐用年数にわたり均等に費用配分を行う定額法が，経済的便益の費消パターンをより適切に反映すると判断した。

この変更に伴い，従来の方法と比べて，営業利益が29,677百万円増加し，経常利益及び税金等調整前当期純利益がそれぞれ29,509百万円増加している。

（追加情報）

（業績連動型株式報酬制度）

　当社は，2019年6月26日開催の第95期定時株主総会決議に基づき，当社の取締役（社外取締役を除く。）及び取締役を兼務しない役付執行役員に対する業績連動型株式報酬制度「株式給付信託（BBT（＝Board Benefit Trust））」（以下，「本制度」という。）を導入している。

　また，2020年5月8日開催の取締役会において，当社の取締役を兼務しない執行役員並びに当社の子会社である中部電力ミライズ株式会社（以下，「中部電力ミライズ」という。）の取締役（社外取締役を除く。），取締役を兼務しない役付執行役員及び執行役員を本制度の対象に追加する改定を決議している（以下，本制度の対象者を「取締役等」という。）。

（1）　取引の概要

　本制度は，当社が拠出する金銭を原資として当社株式が信託（以下，本制度に基づき設定される信託を「本信託」という。）を通じて取得され，取締役等に対して，当社及び中部電力ミライズが定める役員株式給付規程に従って，当社株式及び当社株式を時価で換算した金額相当の金銭（以下，「当社株式等」という。）が本信託を通じて給付される業績連動型株式報酬制度である。

　なお，取締役等が当社株式等の給付を受ける時期は，原則として取締役等の退任後となる。

（2）　信託口に残存する自社の株式

　信託口に残存する当社株式を，信託口における帳簿価額（付随費用の金額を除く。）により純資産の部に自己株式として計上している。当連結会計年度末における当該自己株式の帳簿価額は571百万円，株式数は386千株である。

（持分法適用関連会社における国際財務報告基準（IFRS）の適用）

　当社の持分法適用関連会社である（株）JERAに持分法を適用するに当たり，当連結会計年度より，国際財務報告基準（IFRS）に準拠して作成された同社財務諸表を基礎としている。

2 財務諸表等

(1) 【財務諸表】 ···

① 【貸借対照表】

(単位：百万円)

	前事業年度 (2022年3月31日)		当事業年度 (2023年3月31日)	
資産の部				
固定資産		4,219,494		4,226,117
電気事業固定資産	※1,※6	470,510	※1	462,042
水力発電設備		276,091		276,600
原子力発電設備		148,748		140,147
新エネルギー等発電設備		21,049		19,944
業務設備		24,614		25,343
貸付設備		6		6
附帯事業固定資産	※6	401	※6	334
事業外固定資産	※1	4,572	※1	2,861
固定資産仮勘定		312,547		331,278
建設仮勘定		259,061		268,606
除却仮勘定		1,264		7
使用済燃料再処理関連加工仮勘定		52,220		62,664
核燃料		194,772		193,250
装荷核燃料		40,040		40,040
加工中等核燃料		154,731		153,210
投資その他の資産		3,236,690		3,236,349
長期投資		174,286		133,387
関係会社長期投資		2,924,846		2,952,351
長期前払費用		9,057		10,550
前払年金費用		4,463		4,870
繰延税金資産		124,067		135,221
貸倒引当金（貸方）		△31		△31
流動資産		306,322		422,205
現金及び預金		80,246		221,725
売掛金		18,483		13,018
諸未収入金		33,689		5,461
短期投資		―		14,000
貯蔵品		3,702		4,246
前払費用		562		681
関係会社短期債権		148,573		139,851
雑流動資産		21,064		23,220
合計	※2	4,525,817	※2	4,648,323

	前事業年度 （2022年3月31日）		当事業年度 （2023年3月31日）	
負債及び純資産の部				
固定負債		2,373,929		2,539,661
社債	※2	784,360	※2	854,560
長期借入金	※2,※7	1,206,767	※2,※7	1,285,705
長期未払債務		40		40
リース債務		1,339		1,111
関係会社長期債務		9,186		8,770
退職給付引当金		14,932		14,403
原子力発電所運転終了関連損失引当金		7,956		7,956
株式給付引当金		—		158
資産除去債務		258,281		281,417
雑固定負債		91,065		85,537
流動負債		615,441		614,972
1年以内に期限到来の固定負債	※2,※3,※7	148,622	※2,※3,※7	176,900
短期借入金		249,592		249,592
コマーシャル・ペーパー		79,000		—
買掛金		3,865		4,857
未払金		8,485		10,657
未払費用		35,178		55,567
未払税金	※4	7,094	※4	3,754
預り金		1,723		1,742
関係会社短期債務		77,720		107,852
諸前受金		4,109		3,988
雑流動負債		49		61
負債合計		2,989,371		3,154,634
株主資本		1,491,475		1,479,745
資本金		430,777		430,777
資本剰余金		70,689		70,689
資本準備金		70,689		70,689
利益剰余金		992,685		980,954
利益準備金		93,628		93,628
その他利益剰余金		899,057		887,326
別途積立金		443,000		443,000
繰越利益剰余金		456,057		444,326
自己株式		△2,677		△2,676
評価・換算差額等		44,970		13,943
その他有価証券評価差額金		42,025		10,516
繰延ヘッジ損益		2,945		3,427
純資産合計		1,536,446		1,493,688
合計		4,525,817		4,648,323

② 【損益計算書】

（単位：百万円）

	前事業年度 （自 2021年4月1日 至 2022年3月31日）	当事業年度 （自 2022年4月1日 至 2023年3月31日）
営業収益	※1　232,513	※1　224,902
電気事業営業収益	230,861	222,773
他社販売電力料	171,364	157,566
賠償負担金相当収益	4,878	4,768
電気事業雑収益	54,617	60,438
貸付設備収益	0	0
附帯事業営業収益	1,651	2,128
海外エネルギー事業営業収益	1,150	1,500
地域サービス事業営業収益	501	628
営業費用	221,332	243,535
電気事業営業費用	219,826	241,665
水力発電費	47,720	47,731
原子力発電費	83,993	100,228
新エネルギー等発電費	9,914	9,883
他社購入電力料	14,227	13,392
貸付設備費	0	0
一般管理費	60,486	65,707
接続供給託送料	1,059	2,191
事業税	2,425	2,531
附帯事業営業費用	1,505	1,869
海外エネルギー事業営業費用	962	1,295
地域サービス事業営業費用	542	574
営業利益又は営業損失（△）	11,180	△18,632

	前事業年度 （自 2021年4月1日 至 2022年3月31日）	当事業年度 （自 2022年4月1日 至 2023年3月31日）
営業外収益	91,567	44,332
財務収益	88,886	43,340
受取配当金	※1 79,432	※1 33,835
受取利息	※1 9,454	※1 9,505
事業外収益	2,680	991
固定資産売却益	267	172
雑収益	2,413	818
営業外費用	16,664	17,562
財務費用	15,028	15,556
支払利息	14,553	15,132
社債発行費	475	424
事業外費用	1,635	2,005
固定資産売却損	51	411
雑損失	1,583	1,593
当期経常収益合計	324,080	269,234
当期経常費用合計	237,996	261,097
当期経常利益	86,083	8,137
特別利益	−	45,007
有価証券売却益	−	45,007
特別損失	−	23,484
有価証券評価損	−	※2 3,301
独占禁止法関連損失	−	※3 20,183
税引前当期純利益	86,083	29,659
法人税、住民税及び事業税	△762	4,783
法人税等調整額	4,178	△1,224
法人税等合計	3,416	3,559
当期純利益	82,666	26,100

【電気事業営業費用明細表（その1）】
前事業年度（2021年4月1日から2022年3月31日まで）

区分	水力発電費（百万円）	原子力発電費（百万円）	新エネルギー等発電費（百万円）	他社購入電力料（百万円）	貸付設備費（百万円）	一般管理費（百万円）	その他（百万円）	合計（百万円）
役員給与※1	—	—	—	—	—	404	—	404
給料手当※2	7,177	8,168	895			12,863	—	29,104
給料手当振替額（貸方）	△79	△1	△15			△510		△608
建設費への振替額（貸方）	△79	△0	△15			△481		△577
その他への振替額（貸方）	—	△1	△0			△28		△30
退職給与金※3	—	—	—			2,990		2,990
厚生費	1,405	1,605	158			3,148		6,318
法定厚生費	1,185	1,311	136			1,938		4,572
一般厚生費	220	293	21			1,210		1,745
雑給	73	298	51			1,252		1,675
燃料費	—	—	3,456			—		3,456
バイオマス燃料費	—	—	3,254			—		3,254
助燃費及び蒸気料	—	—	13			—		13
運炭費及び運搬費	—	—	187			—		187
廃棄物処理費	—	2,482	234			—		2,717
消耗品費	3,480	1,054	138			732		5,406
修繕費	6,635	9,500	594			839		17,570
水利使用料	3,082	—	—			—		3,082
補償費	653	0	129			27		810
賃借料	206	448	132			5,340		6,129
委託費	1,757	10,054	762			18,062		30,636
損害保険料	1	501	0			21		524
原子力損害賠償資金補助法負担金	—	6	—			—		6
原子力損害賠償資金補助法 一般負担金	—	6	—			—		6
原賠・廃炉等支援機構負担金	—	17,880	—			—		17,880
原賠・廃炉等支援機構 一般負担金	—	17,880	—			—		17,880
普及開発関係費	—	—	—			2,505		2,505
養成費	—	—	—			336		336
研究費	—	—	—			3,669		3,669
諸費	2,014	4,662	270			4,896		11,844
諸税	3,816	3,638	336	—	0	689		8,481
固定資産税	3,815	2,391	316	—	0	277		6,800
雑税	1	1,246	19			412		1,680
減価償却費	16,360	12,624	2,752			4,325		36,062
普通償却費	16,360	12,624	2,752			4,325		36,062
固定資産除却費	1,486	1,341	18			△526		2,320
除却損	606	684	11			43		1,346
除却費用	879	657	6			△570		973
原子力発電施設解体費	—	9,725	—			—		9,725
共有設備費等分担額	780	—	—			—		780
共有設備費等分担額（貸方）	△8	—	—			—		△8
非化石証書関連振替額	△1,123	—	△1			—		△1,125

区分	水力発電費 (百万円)	原子力発電費 (百万円)	新エネルギー等 発電費 (百万円)	他社購入電力料 (百万円)	貸付設備費 (百万円)	一般管理費 (百万円)	その他 (百万円)	合計 (百万円)
他社購入電源費	—	—	—	14,227	—	—	—	14,227
その他の電源費	—	—	—	14,227	—	—	—	14,227
建設分担関連費振替額(貸方)	—	—	—	—	—	△437	—	△437
附帯事業営業費用分担関連費 振替額(貸方)	—	—	—	—	—	△145	—	△145
接続供給託送料	—	—	—	—	—	—	1,059	1,059
事業税	—	—	—	—	—	—	2,425	2,425
合計	47,720	83,993	9,914	14,227	0	60,486	3,484	219,826

（注）※1　役員給与には，株式給付引当金繰入額△28百万円が含まれている。

　　　※2　給料手当には，株式給付引当金繰入額△19百万円が含まれている。。

　　　※3　退職給与金には，社員に対する退職給付引当金繰入額1,578百万円が含まれている。

【電気事業営業費用明細表（その2）】
当事業年度（2022年4月1日から2023年3月31日まで）

区分	水力発電費 （百万円）	原子力発電費 （百万円）	新エネルギー等発電費 （百万円）	他社購入電力料 （百万円）	貸付設備費 （百万円）	一般管理費 （百万円）	その他 （百万円）	合計 （百万円）
役員給与※1	—	—	—	—	—	545	—	545
給料手当等2	6,882	8,114	1,002	—	—	13,544	—	29,544
給料手当振替額（貸方）	△70	△1	△29	—	—	△539	—	△639
建設費への振替額（貸方）	△69	△0	△13	—	—	△518	—	△600
その他への振替額（貸方）	△0	△0	△16	—	—	△21	—	△39
退職給与金※3	—	—	—	—	—	3,876	—	3,876
厚生費	1,357	1,609	176	—	—	3,187	—	6,331
法定厚生費	1,155	1,321	151	—	—	2,000	—	4,628
一般厚生費	202	288	25	—	—	1,186	—	1,702
雑給	87	337	193	—	—	1,182	—	1,800
燃料費	—	—	4,048	—	—	—	—	4,048
バイオマス燃料費	—	—	3,809	—	—	—	—	3,809
助燃費及び蒸気料	—	—	42	—	—	—	—	42
運炭費及び運搬費	—	—	196	—	—	—	—	196
廃棄物処理費	—	5,173	263	—	—	—	—	5,436
消耗品費	3,710	1,112	213	—	—	853	—	5,890
修繕費	8,147	8,208	708	—	—	900	—	17,965
水利使用料	3,080	—	—	—	—	—	—	3,080
補償費	621	0	—	—	—	19	—	640
賃借料	228	647	127	—	—	5,023	—	6,026
委託費	1,780	12,132	813	—	—	20,236	—	34,962
損害保険料	1	502	0	—	—	19	—	523
原子力損害賠償資金補助法負担金	—	6	—	—	—	—	—	6
原子力損害賠償資金補助法一般負担金	—	6	—	—	—	—	—	6
原賠・廃炉等支援機構負担金	—	17,880	—	—	—	—	—	17,880
原賠・廃炉等支援機構一般負担金	—	17,880	—	—	—	—	—	17,880
普及開発関係費	—	—	—	—	—	2,509	—	2,509
養成費	—	—	—	—	—	454	—	454
研究費	—	—	—	—	—	3,843	—	3,843
諸費	1,854	20,104	337	—	—	6,255	—	28,552
諸税	3,789	3,608	285	—	0	712	—	8,396
固定資産税	3,785	2,358	276	—	0	257	—	6,678
雑税	3	1,249	8	—	—	455	—	1,717
減価償却費	12,427	9,470	1,726	—	—	3,295	—	26,919
普通償却費	12,427	9,470	1,726	—	—	3,295	—	26,919
固定資産除却費	2,182	1,061	13	—	—	434	—	3,692
除却損	687	490	13	—	—	402	—	1,594
除却費用	1,495	570	0	—	—	31	—	2,097
原子力発電施設解体費	—	10,257	—	—	—	—	—	10,257
共有設備費等分担額	888	—	—	—	—	—	—	888
共有設備費等分担額（貸方）	△10	—	—	—	—	—	—	△10
非化石証書関連振替額	772	—	0	—	—	—	—	773

区分	水力発電費 (百万円)	原子力発電費 (百万円)	新エネルギー等 発電費 (百万円)	他社購入電力料 (百万円)	貸付設備費 (百万円)	一般管理費 (百万円)	その他 (百万円)	合計 (百万円)
他社購入電源費	－	－	－	13,392	－	－	－	13,392
その他の電源費	－	－	－	13,392	－	－	－	13,392
建設分担関連費振替額(貸方)	－	－	－	－	－	△433	－	△433
附帯事業営業費用分担関連費振替額(貸方)	－	－	－	－	－	△213	－	△213
接続供給託送料	－	－	－	－	－	－	2,191	2,191
事業税	－	－	－	－	－	－	2,531	2,531
合計	47,731	100,228	9,883	13,392	0	65,707	4,722	241,665

(注) ※1　役員給与には，株式給付引当金繰入額46百万円が含まれている。

　　 ※2　給料手当には，株式給付引当金繰入額111百万円が含まれている。

　　 ※3　退職給与金には，社員に対する退職給付引当金繰入額1,527百万円が含まれている。

③ 【株主資本等変動計算書】

前事業年度（自　2021年4月1日　至　2022年3月31日）

（単位：百万円）

	株主資本					
		資本剰余金	利益剰余金			
				その他利益剰余金		
	資本金	資本準備金	利益準備金	別途積立金	繰越利益剰余金	利益剰余金合計
当期首残高	430,777	70,689	93,628	443,000	411,223	947,852
当期変動額						
剰余金の配当					△37,833	△37,833
当期純利益					82,666	82,666
自己株式の取得						
自己株式の処分					△0	△0
株主資本以外の項目の当期変動額（純額）						
当期変動額合計	－	－	－	－	44,833	44,833
当期末残高	430,777	70,689	93,628	443,000	456,057	992,685

	株主資本		評価・換算差額等			純資産合計
	自己株式	株主資本合計	その他有価証券評価差額金	繰延ヘッジ損益	評価・換算差額等合計	
当期首残高	△2,640	1,446,678	41,085	1,950	43,036	1,489,714
当期変動額						
剰余金の配当		△37,833				△37,833
当期純利益		82,666				82,666
自己株式の取得	△39	△39				△39
自己株式の処分	3	2				2
株主資本以外の項目の当期変動額（純額）			939	994	1,934	1,934
当期変動額合計	△36	44,797	939	994	1,934	46,731
当期末残高	△2,677	1,491,475	42,025	2,945	44,970	1,536,446

当事業年度(自 2022年4月1日 至 2023年3月31日)

(単位：百万円)

	株主資本						
	資本金	資本剰余金		利益剰余金			
		資本準備金	利益準備金	その他利益剰余金		利益剰余金合計	
				別途積立金	繰越利益剰余金		
当期首残高	430,777	70,689	93,628	443,000	456,057	992,685	
当期変動額							
剰余金の配当					△37,831	△37,831	
当期純利益					26,100	26,100	
自己株式の取得							
自己株式の処分					△0	△0	
株主資本以外の項目の当期変動額（純額）							
当期変動額合計	－	－	－	－	△11,731	△11,731	
当期末残高	430,777	70,689	93,628	443,000	444,326	980,954	

	株主資本		評価・換算差額等			純資産合計
	自己株式	株主資本合計	その他有価証券評価差額金	繰延ヘッジ損益	評価・換算差額等合計	
当期首残高	△2,677	1,491,475	42,025	2,945	44,970	1,536,446
当期変動額						
剰余金の配当		△37,831				△37,831
当期純利益		26,100				26,100
自己株式の取得	△37	△37				△37
自己株式の処分	38	38				38
株主資本以外の項目の当期変動額（純額）			△31,508	481	△31,027	△31,027
当期変動額合計	0	△11,730	△31,508	481	△31,027	△42,757
当期末残高	△2,676	1,479,745	10,516	3,427	13,943	1,493,688

【注記事項】

（重要な会計方針）

1 有価証券の評価基準及び評価方法 ・・

子会社株式及び関連会社株式は移動平均法による原価法によっている。

満期保有目的債券は原価法によっている。

その他有価証券のうち市場価格のない株式等以外のものは時価法（評価差額は全部純資産直入法により処理し，売却原価は移動平均法により算定），市場価格

のない株式等は移動平均法による原価法によっている。

2　デリバティブの評価基準及び評価方法 ･････････････････････････････････････
時価法によっている。

3　棚卸資産の評価基準及び評価方法 ･･･
主として，総平均法による原価法（貸借対照表価額については収益性の低下に基づく簿価切下げの方法）によっている。

4　固定資産の減価償却の方法 ･･･
有形固定資産及び無形固定資産は定額法によっており，耐用年数については主として法人税法の定めによっている。

5　引当金の計上基準 ･･･
（1）　貸倒引当金 ･･･
貸倒れによる損失に備えるため，破産更生債権等特定の債権について個別に回収可能性を検討し，回収不能見込額を計上している。
（2）　退職給付引当金 ･･･
従業員の退職給付に充てるため，当事業年度末における退職給付債務及び年金資産の見込額に基づき計上している。
①　退職給付見込額の期間帰属方法
退職給付債務の算定にあたり，退職給付見込額を当事業年度末までの期間に帰属させる方法については，給付算定式基準によっている。
②　数理計算上の差異の費用処理方法
数理計算上の差異は，各事業年度の発生時における従業員の平均残存勤務期間以内の一定の年数（3年）による定額法により按分した額をそれぞれ発生の翌事業年度から費用処理することとしている。
（3）　原子力発電所運転終了関連損失引当金 ･････････････････････････････････
浜岡原子力発電所1，2号機の運転終了に伴い，今後発生する費用または損失

に備えるため，当事業年度末における合理的な見積額を計上している

（4）　株式給付引当金 ・・

　役員株式給付規程に基づく取締役（社外取締役を除く），取締役を兼務しない役付執行役員及び執行役員への当社株式等の給付に充てるため，当事業年度末における株式給付債務の見込額に基づき計上している。なお，給付額が確定した場合は未払費用として計上している。

6　収益及び費用の計上基準 ・・

　当社の主要な事業は発電事業であり，顧客との販売契約に基づいて電気を引き渡す履行義務を負っている。当該履行義務を充足する収益は，引き渡し時点で計上している。

7　ヘッジ会計の方法 ・・・

（1）　ヘッジ会計の方法 ・・

　繰延ヘッジ及び振当処理によっている。

（2）　ヘッジ手段とヘッジ対象 ・・・

　為替予約等のデリバティブ取引をヘッジ手段とし，燃料調達から発生する債務等をヘッジ対象としている。

（3）　ヘッジ方針 ・・

　当社業務の範囲内における，実需取引に基づくキャッシュ・フローを対象とし，市場変動等による損失回避またはコストの低減を図る目的で，デリバティブ取引を実施している。

（4）　ヘッジ有効性評価の方法 ・・

　ヘッジに高い有効性があると認められるため，有効性の評価を省略している。

8　その他財務諸表作成のための基本となる重要な事項 ・・・・・・・・・・・・・・・・・・・・・・・

（1）　退職給付に係る会計処理 ・・・

　退職給付に係る未認識数理計算上の差異の会計処理の方法は，連結財務諸表における会計処理の方法と異なっている。

(2) 特定原子力発電施設の廃止措置に係る資産除去債務相当資産の費用計上方法

有形固定資産のうち特定原子力発電施設の廃止措置に係る資産除去債務相当資産の費用計上方法は，「原子力発電施設解体引当金に関する省令」（1989年5月25日　通商産業省令第30号）の定めに従い，原子力発電施設解体費の総見積額を運転期間にわたり，定額法により費用計上する方法によっている。

（重要な会計上の見積り）

1　原子力発電事業の固定資産の評価

(1) 当事業年度末の財務諸表に計上した金額

	前事業年度 （2022年3月31日）	当事業年度 （2023年3月31日）
固定資産仮勘定を含む原子力発電設備	361,685百万円	352,372百万円
	上記金額は，総資産の約8％を占めている。	上記金額は，総資産の約8％を占めている。

(注)　前事業年度及び当事業年度において，将来キャッシュ・フローの総額が固定資産簿価を上回ったことから，減損損失を認識していない。

(2) 重要な会計上の見積りの内容に関する情報

連結財務諸表の「注記事項（重要な会計上の見積り）1　原子力発電事業の固定資産の評価」に同一の内容を記載しているため，注記を省略している。

2　繰延税金資産の回収可能性

(1) 当事業年度末の財務諸表に計上した金額

貸借対照表において，回収可能性を判断し，下表のとおり繰延税金資産を計上している。

	前事業年度 （2022年3月31日）	当事業年度 （2023年3月31日）
繰延税金資産	124,067百万円	135,221百万円
（うち税務上の繰越欠損金に係る繰延税金資産）	(5,953百万円)	(4,125百万円)

(2) 重要な会計上の見積りの内容に関する情報

連結財務諸表の「注記事項（重要な会計上の見積り）2　繰延税金資産の回収可能性」に同一の内容を記載しているため，注記を省略している。

（会計方針の変更）

時価の算定に関する会計基準等の適用

　「時価の算定に関する会計基準の適用指針」（企業会計基準適用指針第31号 2021年6月17日）（以下，「時価算定会計基準適用指針」という。）を当事業年度の期首から適用し，時価算定会計基準適用指針第27-2項に定める経過的な取扱いに従って，時価算定会計基準適用指針が定める新たな会計方針を将来にわたって適用することとした。

　なお，当事業年度の財務諸表に与える影響はない。

（会計上の見積りの変更と区別することが困難な会計方針の変更）

有形固定資産の減価償却方法の変更

　従来，当社は，有形固定資産の減価償却方法について，定率法を採用していたが，当事業年度より定額法に変更している。

　当社の主たる供給区域である中部エリアにおいては，人口の減少や少子高齢化の進展，省エネや節電の浸透などにより，今後の電力需要は安定的に推移する見込みである。

　また，電力システム改革の進展により，発電事業は競争環境下におかれることで，効率的・安定的な事業運営が求められるとともに，エネルギー基本計画において，原子力や一般水力は安定的かつ運転コストが低廉なベースロード電源として，重要な役割が期待されている。

　このような事業環境の変化に対応するため，当社は2022年度を開始年度とする「中部電力グループ中期経営計画」において，電力の安全・安定供給に必要な投資の実施や，設備全般の効率的かつ安定的な稼働に取り組んでいくこととしている。

　以上を踏まえると，今後は，電気事業を中心に設備の安定的な使用が見込まれることから，有形固定資産の減価償却は，耐用年数にわたり均等に費用配分を行う定額法が，経済的便益の費消パターンをより適切に反映すると判断した。

　この変更に伴い，従来の方法と比べて，営業損失が7,965百万円減少し，経常利益及び税引前当期純利益がそれぞれ同額増加している。

（追加情報）
（業績連動型株式報酬制度）
　連結財務諸表の「注記事項（追加情報）」に同一の内容を記載しているため，注記を省略している。

第2章

資源・素材業界の "今" を知ろう

企業の募集情報は手に入れた。しかし，それだけでは
まだ不十分。企業単位ではなく，業界全体を俯瞰する
視点は，面接などでもよく問われる重要ポイントだ。
この章では直近1年間の運輸業界を象徴する重大
ニュースをまとめるとともに，今後の展望について言
及している。また，章末には運輸業界における有名企
業（一部抜粋）のリストも記載してあるので，今後の就
職活動の参考にしてほしい。

▶▶社会を支える基盤づくり
資源・素材 業界の動向

「資源・素材」とは，エネルギーや製品の素材や原料など，経済活動を支えるものである。資源・素材には，電力，ガス，石油，化学，鉄鋼，非鉄金属，繊維，紙・パルプなどの業種がある。

❖ 電力・ガスの動向

電力，ガスは，産業の発展，人々の生活を支えるインフラで，代表的な公益産業である。日本の電力業界の市場規模は20兆円，ガスは9兆円（都市ガス5兆円+LPガス4兆円）といわれている。

電力業界では，長い間，東京電力，関西電力といった地域電力会社（一般電気事業者）10社が各地域ごとに発電，送配電，小売を1社でまとめて行う地域独占状態となっていた。これに市場競争を導入しようとする規制緩和の試みは，高コスト構造や内外価格差の是正を目的に，1990年代から繰り返し議論され，法改正なども行われてきた。しかし，最も大きな転機となったのは，2011年3月11日の東日本大震災である。原子力発電所の事故による計画停電の実施，電気料金の値上げなどにより，エネルギー政策への関心が一気に高まり，「電力システム改革」という大規模な規制撤廃へつながった。

この改革の第一弾は，2015年4月，地域を越えて電気を融通しやすくし，災害時などに停電が起こらないようにする「広域系統運用の拡大」から始まった。第二弾は2016年4月，利用者が電力会社や料金メニューを自由に選択できる「電力小売の全面自由化」である。これによって，小売電気事業者の登録数は500社を超え，2018年2月の時点で，顧客の約9.5％が契約先を変更している。今後は，電力会社の送配電部門を別会社に分離することで，送配電ネットワークを公平に利用できるようにする計画が進められている。

ガス業界でも，200社近くの企業がそれぞれの地域で販売を独占してきた都市ガス（一般ガス）について，2017年4月，ガス事業法が改正された。そ

れまでは，事業許可・料金規制の対象となってきた都市ガスの小口向け小売供給が全面自由化され，ライセンス制度の導入・ガス製造事業の導入なども合わせて行われることとなった。なお，2022年には導管事業が別会社に分離され，新規参入を含むすべての企業が公平に利用できるプラットフォームとなった。ただ，ガスでは保安検査というハードルがあるため，2023年時点の登録小売業者は76社で，異業種からの参入は限定的となっている。

　2023年は電力，ガスともにコロナ禍による落ち込みからは回復したが，天然ガスや石炭価格が世界的に高騰し，電気・ガス料金が大幅に値上がりした。新電力会社にとっては死活問題となっており，業務縮小，もしくは撤退する企業がでてくると思われる。さらにはウクライナ危機も加わり，各社にさらなるダメージが加わる可能性が高い。

● 市場開放により交錯する企業間連携，JERAの設立

　小売自由化を受け，エリアを越えた事業展開，電力・ガスの相互参入など，新しい動きが表れている。2015年5月，九州電力は，東京ガス，出光興産と連携し，関東エリアに200万kW級の石炭火力を新設するため，千葉袖ヶ浦エナジーを設立した。これは，出光興産の燃料調達力，九州電力の発電所運転ノウハウ，東京ガスの関東圏での顧客基盤などのシナジーを狙ったものとされる。また，2016年4月には，関西電力と東京ガスが，LNGの調達や火力発電所の運営について提携を発表。その他にも，東京電力エナジーパートナーが日本瓦斯会社と，関西電力が岩谷産業と，東京ガスが神戸製鋼所と，東京ガスや大阪ガスがNTTファシリティーズと連携するなど，新たな事業分野への参入に当たって，他社とのアライアンスが進んでいる。

　こういった動きのなかでとくに注目すべきはJERAの設立である。大規模な「電力システム改革」に柔軟に対応すべく，2015年4月，東京電力と中部電力が共同で株式会社JERAを設立した。JERAは，化石燃料（液化天然ガス・石炭）の調達から国内外の火力発電所の運営まで，一貫して担うことを目指している。両社の事業がJERAに統合されたことにより，JERAで調達するLNG（液化天然ガス）量は，年間約4,000万tと，世界最大規模となった。2019年4月には，両社の既存火力発電事業の統合。その出力は約7000万kWで，国内火力の半分を占める。JERAは，2019年から5年以内に，相乗効果を年1000億円以上にすることを目標に掲げており，世界で戦うグローバルなエネルギー企業を目指すJERAの成長戦略は，電力業界全体の

将来を左右する可能性もあり，目が離せない。

❖ 石油の動向

　資源の乏しい日本では，石油の自給率は1％に満たず，年間1億6000万キロリットルの原油を海外から輸入しており，原油価格の変動は，業績に大きな影響を与える。2022年はウクライナ危機により原油価格は高騰。利幅の増大により各社の利益が膨れ，最高益が相次いだ。

　2010年頃から始まった産油国による過剰供給により，石油価格は低迷していた。しかし2016年末に，OPECとロシアなどの主要産油国が減産に合意した結果，原油価格の下落に歯止めがかかった。2016年1月には，1バレル20ドル台まで暴落した原油価格は，2017年に入って50ドル台まで持ち直し，石油元売り各社は，黒字に回復した。その後，米国におけるシェールオイル生産が堅調に推移したことから，40ドル／バレル台に下落することもあったが，協調減産の効果から需給バランスが好転，需要超過が続き，2018年5月には70ドル／バレル台まで高騰した。2018年6月，過度の原油高による需要の冷え込みを懸念する声を受け，OPEC総会で実質増産が決まった。しかし，米国のイラン制裁の一環としてイラン産原油の輸入が一時停止になるなど，原油の需給バランスは不安定な状態が続いている。

●脱炭素の流れは本流となるか

　コロナ禍以前から世界は脱炭素の流れに進みつつある。欧米ではとくにその流れが強く，2019年に英国のシェルは電力への移行を明言していた。しかし，ウクライナ危機で世界情勢は一変。シェルは発言を事実上撤回することになった。

　世界的に見ると先進国では石油需要は減っているが，アフリカ，インドなどでは増加の傾向にある。世界ベースでの2021年の石油需要は，2019年6.6％増の1億300万バレルとなっている。各企業にはこれまで通りの石油事業と脱炭素の取組とをバランスよく進めることが求められている。

　石油関連企業は，石油単体の事業では立ち行かなくなる将来を見越して，合併などの企業編成によって建て直しを図っている。2017年4月，JXホールディングスと東燃ゼネラル石油が，JXTGホールディングスとして経営統合し，20年6月にはENEOSホールディングスに社名変更した。売上げは約

7.5兆円，国内ガソリン販売シェアは約50％と，圧倒的な規模を持つ企業が誕生したことになる。今後，精製設備やガソリンスタンドの統廃合といったコスト削減と共に，非鉄金属の開発や電力事業も手掛け，3年以内に1000億円の収益改善を目指している。また，出光興産と昭和シェル石油も経営統合を模索。出光創業家の反対により難航していたが，2018年7月に出光興産を昭和シェルの完全子会社にすることで合意。2019年4月に経営統合した。

❖ 鉄鋼の動向

　2022年の日本の年間粗鋼生産量は8,920万tと，前年を下回る結果となった。ウクライナ戦争によって減量価格が急騰。加えて中国の景気が悪化したことも影を落とす要因となった。世界規模で見ても，世界の鉄鋼生産量は2015年以来となる前年割れ。主要企業の大半が減益となった。

　そんな中，日本の日本製鉄は健闘を見せている。2023年3月期の連結純利益が過去最高を更新。値上げの浸透に加えて，製造設備の休止で固定費を削減できたことが功を奏した。

●鉄鋼業界にも再編の波

　鉄鋼各社は，老朽化した設備更新でコスト削減を推進しつつ，事業の多角化を進めることで生き残りを目指している。また，再編の動きも活発化している。事業の構造改革を図る新日鐵住金は，日新製鋼を2019年1月に完全子会社化し，同年4月には新日鐵住金本体と日新製鋼のステンレス鋼板事業を，新日鐵住金ステンレスへ移管，統合し，日本製鉄が誕生した。電炉鋼大手の合同製鉄も朝日工業を子会社化する方針を打ち出している。

　そのような状況下，2017年10月，業界3位の神戸製鋼所において，アルミ製部材の性能データ改ざんが発覚して，業界に衝撃が走った。その後，グループ9社で不正が発覚し，納入先はボーイングやエアバス，日産，トヨタなど500社に拡大し，日本工業規格（JIS）の認定取り消しにまで発展した。この問題を受けて，海外の大手製造業も相次いで調査を開始しており，日本ブランドの品質への信頼が揺らぐ事態となっている。今後，同社の動向によっては新たな業界再編の端緒となる可能性もある。

❖ 非鉄金属の動向

　非鉄金属とは，文字通り「鉄以外」の金属のことで，銅や錫，亜鉛などの「ベースメタル」，アルミニウムやマグネシウム，ナトリウムなどの「軽金属」，ニッケルやクロム，マンガンなど存在量が少なく技術的に抽出困難な「レアメタル」に分類される。非鉄金属は，自動車，電気・電子機器，住宅など生活に密着した需要が多い。

　近年，中国や新興国の経済成長を受けて，消費量は増加傾向にあり，業績も伸びていた。しかし，2015年，中国経済減速への懸念から資源価格が下落した。その後，価格は回復基調となったが，世界の非鉄消費の半分を占め，価格を左右する中国の需要には引き続き不透明感が残っている。

　日本の非鉄金属各社は，海外から銅や亜鉛などの鉱石を輸入し，製錬所で地金を生成する。原料となる鉱石の大半を輸入に頼っているため，為替やマージンが収益に大きく影響するという弱点があった。そこで製錬各社は，鉱石の安定調達のため，海外鉱山開発を進めてきた。2014年，JX日鉱日石金属と三井金属ほか日本企業が100％出資した，チリのカセロネス銅鉱山が本格稼動。2016年，住友金属鉱山は1140億円を投じて米モレンシー銅鉱山の権益を追加取得し，持ち分比率を25％とした。一方，鉱山の奥地化で開発費が増大しているため，各社は携帯電話などの電子スクラップからレアメタルを回収する，リサイクル事業にも力を入れている。

　新型コロナウイルスの感染拡大は中南米やアフリカなどにも及び，銅山開発の中断が相次いだ。今後も米中貿易摩擦などの動向が銅価格らの市況に影響する可能性がある。

❖ 化学の動向

　化学製品は，樹脂やゴム，合成繊維の総称で，石油や天然ガス由来の物質を原料として製造される。日常使っているプラスチックや洗剤，衣料などのほか，広く工業製品にも利用されている。

　化学業界には，石油由来のナフサをもとに基礎原料となるエチレンやプロピレンを生産する総合化学メーカーのほか，特定の機能材料を製造する中堅企業が多く存在する。新興国の経済成長により，石油化学製品の需要

が高まっていることから，好業績が続いている。しかし，為替変動や原油価格の高騰によるマージン縮小，2018年からは，米国でシェールガス由来のエチレン生産が本格稼働し，中国や中東でも生産能力が拡大しているため，日本勢は価格競争で不利になることも懸念される。そのため，大手各社は技術力で勝負できる機能素材・材料に着目。成長が見込まれる自動車の軽量素材や，ハイブリッド車・電気自動車に搭載されるリチウム電池，スマートフォン向けの有機ELなどを重点分野に位置づけ，積極的な設備投資を進めている。

2017年にダウ・ケミカルとデュポンが統合し，ダウ・デュポンが誕生した。こういった海外の動きに連動し，国内でも，高機能材での高い収益性を目指して，組織再編が進んでいる。2017年4月，三菱ケミカルホールディングスは，傘下の化学系3社を合併し，新たなスタートを切った。新会社の売上高は3兆7244億円，従業員数は6万9000人超で，圧倒的な最大手となる。石油化学基礎品から半導体やリチウム電池まで手掛ける「三菱化学」と，高機能フィルムが主力の「三菱樹脂」，炭素繊維が強みの「三菱レイヨン」が統合することで，3社が培ってきた技術を融合し，スピード感とクオリティが求められる市場に対応していくことになる。

2022年度は化学業界にとっては逆風の1年となってしまった。原油価格高騰に伴うコスト高により世界的に景気が冷え込み，家電や建築などの需要が大きく縮んだ。結果，石油基礎製品の需要も大きく落ち込んだ。

❖ 繊維の動向

新興国の経済成長，人口増による消費拡大などを背景に，世界の繊維需要，生産量は伸びている。明治以降，日本の経済発展を支えてきた繊維産業だが，現在は中国が圧倒的なシェアを占める。化学繊維生産の7割が中国で，日本はわずか1％程度である。しかし，衣料用繊維では主役の座を下りても，独自の技術を活かした商材で，日本企業はグローバルに強みを示している。衣料分野では，吸水速乾性繊維やストレッチ繊維，産業用として不燃布や人工皮革，高強度ナイロン繊維などがある。ユニクロと「ヒートテック」を共同開発した東レは，メキシコでエアバッグ工場を設立し，2018年1月に稼動を開始した。帝人グループも，同時期に中国でエアバッグの生産能力を増強する。東洋紡も，2017年1月，タイにエアバッグ用基布の新会社を

設立し，総額100億円の投資を行うと発表している。また，紙おむつなど衛生材料に用いられる不織布の需要も急増しており，東レが滋賀県に新たな開発設備を導入するなど，各社の投資が続いている。

　数ある高機能繊維のなかで，日本が他国に先導しているのが，炭素繊維である。アクリル繊維を炭化した炭素繊維は，重さが鉄の4分の1で強度は10倍と，鉄よりも軽くて強く，耐腐食性にも優れているため，多くの分野で需要が拡大している。炭素繊維は，先頭に立って市場を開拓してきた東レが世界シェアの約4割を占め，帝人，三菱ケミカルの3社で，世界生産の7割を握っている。3社は，航空機や自動車向け炭素繊維を成長分野と位置づけ，今後も力を注いでいく方針としている。この流れから，三菱ケミカルは欧米市場での炭素繊維事業の拡大を目的とし，2017年にイタリアの炭素繊維強化プラスチックの自動車部品メーカーであるC.P.Cの株式の44％を取得。自動車の軽量化に向け炭素繊維部品を積極的に売り込んでいく。また，東レも炭素繊維複合材料事業を強化するため，2018年3月，樹脂に精通した複合材料メーカーであるオランダのテンカーテ・アドバンスト・コンポジット社（TCAC）を買収すると発表，同年7月に全株式の取得を完了した。

資源・素材業界

直近の業界各社の関連ニュースを
ななめ読みしておこう。

日トルコ、再エネで協議会創設へ　ウクライナ支援も協力

西村康稔経済産業相は5日、トルコのバイラクタル・エネルギー天然資源相と
会談した。太陽光といった再生可能エネルギーの開発案件などで協力する官民
協議会「日トルコエネルギーフォーラム」の創設で合意した。ボラット商務相
とはウクライナの復興支援で連携を強化する方針を確認した。

ボラット氏との会談では東京電力福島第1原子力発電所の処理水の海洋放出に
ついて説明した。西村氏によると、ボラット氏からは日本の取り組みは科学的
根拠に基づくもので支持するとの発言があった。

新しく立ち上げる官民協議会では再生エネや水素、天然ガスなどにかかわる民
間案件の創出を目指す。両国から商社やエネルギー会社の参加を見込む。来年
にも初回会合を開く方針だ。

西村氏は協議会の創設について「大きな協力の一歩を踏み出すことができた」
と語った。重要鉱物でもアフリカといった第三国での協力を模索することで一
致したと明かした。

ボラット氏との共同声明にはロシアが侵攻を続けるウクライナの復興支援を両
国が協力して進めることを盛り込んだ。インフラや建設資材にかかわる両国企
業を念頭に、第三国での民間協力を後押しする。

交渉中の経済連携協定（EPA）は早期の交渉再開と妥結を目指す。日本とトル
コは14年に交渉を始めたが、一部の品目を巡って議論が停滞した。交渉会合
は19年以降開催されていない。

ボラット氏は「日本とトルコの関係は近年、同盟と言えるほどのレベルまで発
展した」と述べた。EPAについては「二国間貿易の均衡が取れた発展に資する
ような形で交渉が妥結することを望んでいる」とした。トルコは慢性的な貿易
赤字を問題視している。

日本とトルコは24年に外交関係の樹立から100年を迎える。経産相や外相も

交えた日トルコの閣僚会議を来年の早期に東京で開くことも確認した。

（2023年9月5日　日本経済新聞）

日本とサウジアラビア、レアアース開発で共同投資合意へ

日本とサウジアラビア両政府は脱炭素に欠かせないレアアース（希土類）鉱山開発の共同投資で合意する見通しとなった。岸田文雄首相とサウジの首相を務めるムハンマド皇太子が16日の会談で確認する。

日本は重要鉱物を巡って中国など一部の国への依存度を下げ、経済安全保障の強化につなげる。経済産業省とエネルギー・金属鉱物資源機構（JOGMEC）、サウジの産業鉱物資源省の3者が近く重要鉱物に関する協力覚書（MOC）を結ぶ。協力の柱として第三国での鉱物資源の開発で両国による共同投資を検討する。脱炭素で需要が高まる電気自動車（EV）向けのレアアースなどを念頭に、重要鉱物の権益確保を急ぐ。

サウジは国家戦略の一つで国内でのレアアース鉱山の探索を掲げており、日本がこれに協力する。鉱山探査の知見があるJOGMECがサウジの初期調査を技術的に支援する。銅や鉄、亜鉛といったすでに国内で採れる資源の開発強化も後押しする。

現在、レアアースやEV用電池に使うリチウムやコバルトなどの供給元は中国などに集中する。脱炭素の流れは世界的に強まっている。日本とサウジの双方ともに関連鉱物の調達網を多様にし、特定の国への依存度を下げていきたいとの思惑がある。

日本は水酸化リチウムの調達の8割弱を中国に頼り、コバルトを精製するプロセスも6割超を中国に依存する。中国は2010年の沖縄県・尖閣諸島沖での中国漁船衝突事件を受けてレアアースの対日輸出を規制し、日本が供給確保に追われた経緯がある。

首相は16日から18日までサウジアラビア、アラブ首長国連邦（UAE）、カタールの3カ国を訪れる。各国の首脳との会談ではエネルギー分野などでの協力を確認する。

（2023年7月15日　日本経済新聞）

洋上風力30年に7倍に、G7環境相会合　声明に明記へ

主要7カ国（G7）は気候・エネルギー・環境相会合の共同声明に再生可能エネルギーの導入目標を明記する方向で調整に入った。洋上風力発電は2030年までに7カ国合計で1.5億キロワットに引き上げる。21年実績の約7倍で、ウクライナ危機を受けて導入スピードを加速する。

太陽光は10億キロワットと、3倍強にする。曲げられるため建物の壁面にも貼れる「ペロブスカイト太陽電池」や、浮体式の洋上風力発電などの開発・実用化を進めるといった具体策も声明に記す。

大きな争点となっている石炭火力発電所を巡っては欧州が廃止時期の明記を求めている。共同声明案では「1.5度目標に整合する」と記述する方向で調整を進めている。15日から札幌市で開く閣僚級会合で詰めの議論に入る。

議長国の日本は30年時点で発電量の19％を石炭火力に頼る計画を持ち、年限の明示には難色を示している。温暖化対策の国際枠組み「パリ協定」で掲げる産業革命前からの気温上昇を1.5度以内にする目標と整合性をとるとの表現で妥協案を示した形だ。

天然ガスの生産設備への投資を許容する考え方を共同声明に盛り込むことでも合意する見通しだ。22年までの声明では一致できず、明記していなかった。石炭火力よりは少ないがガス火力も二酸化炭素（CO_2）を排出するためガス生産に慎重な見方があったためだ。

ウクライナ危機による資源価格の高騰などでG7がまとまった格好だ。今後も新興国は経済成長に伴いエネルギー需要が拡大するとみられる。ガス投資が乏しいと供給不足となる懸念がある。

ガスを安定供給することが、南半球を中心とした新興・途上国「グローバルサウス」の成長と脱炭素化の両立につながると判断した。天然ガスへの投資は国際的な気候変動目標の達成を遅らせるとの指摘もある。

電気自動車（EV）の電池などに欠かせない重要鉱物の安定供給に向けた行動計画もまとめる。G7として1兆円超を財政支出し、鉱山の共同開発や使用済み製品から鉱物を回収・再利用する取り組みなどを推進することを確認する。

（2023年4月15日　日本経済新聞）

フッ化物イオン電池、蓄電容量10倍に　実用化へ日本先行

リチウムイオン電池に比べて容量が10倍にもなる可能性があると「フッ化物イオン電池」が期待を集める。京都大学や九州大学、トヨタ自動車、日産自動車など25者が参加する国のプロジェクトでは、電気自動車（EV）への搭載を目指す。

「フッ化物イオン電池の正極材料にフッ化鉄が適する可能性を実証した」。2022年12月にエネルギー関連の学術誌に掲載された九大などの論文が注目を集めた。安価なフッ化鉄で、正極材料の充放電につながる化学反応を確かめた。安く安全な蓄電池の実現に向けた大事な一歩だ。

フッ化物イオン電池はフッ素を電気エネルギーの運び手とする新たな蓄電池だ。既存のEVのリチウムイオン電池は重量1キログラムあたり200〜250ワット時という容量だが、フッ化物イオン電池は材料を工夫すれば2500ワット時以上にできる可能性があるという。

九大などの成果は新エネルギー・産業技術総合開発機構（NEDO）のプロジェクト「RISING3」で生まれた。トヨタや日産、本田技術研究所のほか、パナソニックホールディングス（HD）傘下のパナソニックエナジーやダイキン工業、立命館大学などが参画する。

RISINGは革新電池の開発を目指すプロジェクトで09年から1期目が始まった。硫化物電池などの開発が進み、各社が事業化を考える段階になった。21〜25年度の3期目ではフッ化物イオン電池と亜鉛負極電池を対象に選んだ。

プロジェクトリーダーを務める京大の安部武志教授は「エネルギー密度が高いだけでなく、コストや資源リスクの観点も重視した」と話す。フッ化物イオン電池では、重量1キログラムあたり500ワット時以上というリチウムイオン電池の約2倍の容量の試作を目指す。

課題はフッ化物イオンと相性のいい電極材料と電解質の探索だ。十分に反応しなければ電池の潜在能力を発揮できない。リチウムイオン電池で使うレアメタル（希少金属）に代わり、豊富な銅やアルミニウムも電極材料の候補になる。動作温度の高さも課題だ。実用化は35年以降ともいわれる。

EV用の蓄電池に求められる性能は高い。小型で軽く、容量や出力が高く、寿命が長いのが理想だ。「フッ化物イオン電池は安全で安価、走行距離の長い次世代電池の最有力候補だ」（安部教授）

調査会社の矢野経済研究所（東京・中野）によると、世界の車載用リチウムイ

オン電池の市場規模は30年に21年比で約3倍に拡大する見通しだ。すべてのEVにリチウムイオン電池を使えば資源が不足する恐れもある。

現状では日本勢は研究開発で先行している。ただ、リチウムイオン電池のように将来、海外勢に量産規模などで圧倒される可能性はある。産官学を挙げて、量産までの流れをつくる必要がある。

（2023年3月17日　日本経済新聞）

海外の地熱発電に出資へ　経産省、国内開発へ技術蓄積

経済産業省は2023年度から海外の地熱発電事業への出資を始める。日本は適地の多くが国立・国定公園内にあり、開発が進んでいない。国際協力を通じて技術やノウハウを蓄える。国内の規制緩和もにらみながら脱炭素の有望技術として広く活用する下地を整える。

海外の探査事業に参画する試掘会社に独立行政法人のエネルギー・金属鉱物資源機構（JOGMEC）を通じて資金を出す。INPEXが既存の地熱発電所の拡張や新たな地質調査を検討するインドネシアやニュージーランドなどが候補となる。関連経費として23年度予算案に6.3億円を計上している。

地熱は再生可能エネルギーの一種。太陽光や風力と違って天候に左右されずに安定して発電できる。経産省によると、日本の関連資源量は原子力発電所23基分にあたる2300万キロワットと、米国とインドネシアに次いで世界で3番目に多い。

現状では十分に活用できておらず、発電設備量は60万キロワットで世界10位にとどまる。国内全体の発電量に占める割合は0.3％しかない。

今後、国内で普及を進めるには技術と規制それぞれの課題がある。技術面は例えば、インドネシアが設備の腐食リスクを高める酸性熱水を避ける研究開発で先行する。海外への出資を通じてノウハウを学ぶ。

規制については環境省が21年、国立・国定公園の一部地域での地熱開発を「原則認めない」とする通知の記載を削除した。実際には植物の復元が難しかったり景観を損ねたりする場合は発電所の立地はなお難しい。温泉への影響を懸念する地元の理解も必要になる。

（2023年2月26日　日本経済新聞）

水素・アンモニア課を新設　経産省、GXへ組織改編

経済産業省は2023年夏をめどに資源エネルギー庁に水素・アンモニア課を新設する方針だ。石油や天然ガスの安定確保を担う石油・天然ガス課を燃料資源開発課に変更する。非化石燃料も含めた資源確保や供給網の整備に取り組む。グリーントランスフォーメーション（GX）に向けた組織改編とする。

22日に開いた総合資源エネルギー調査会（経産相の諮問機関）資源・燃料分科会で改編案を示した。いずれも仮称で、関係法令を改正して正式に決める。

水素・アンモニア課は省エネルギー・新エネルギー部に設ける。水素とアンモニアは燃やしても二酸化炭素（CO_2）が出ない。石炭や天然ガスに混ぜるなどして使えばCO_2の排出を減らせる。ガソリンなどと異なり水素の供給網は整備が進んでいないため、新組織が様々な支援策や需要拡大政策を展開する。

資源・燃料部の燃料資源開発課は従来の石油・天然ガスに加え、水素やアンモニアといった非化石燃料も含めて海外からの安定調達に取り組む。上流と呼ばれる開発や生産を担う国や地域、企業と連携する。

現状では水素とアンモニアは化石燃料を原料にしてつくることが多く、生産過程でCO_2が出る課題がある。再生可能エネルギーで生産すればCO_2はゼロにできる。再生エネの導入量の多い国や地域でつくった水素やアンモニアの活用に向け、新しい資源外交も新組織で推進する。

同部の石油精製備蓄課と石油流通課は燃料基盤課に再編する。石油の名称を省き、水素とCO_2を合成した液体燃料なども所管する。

（2023年2月22日　日本経済新聞）

事業用太陽光、屋根置き促進へ　住民説明など認定条件に

経済産業省は31日、再生可能エネルギーの普及を後押しする固定価格買い取り制度（FIT）に2024年度から新しい区分を設けると明らかにした。企業が工場や倉庫の屋根に置いた太陽光発電パネルでつくる電気を1キロワット時あたり12円で買い取る。足元の電気代が高騰する中、平地より2〜3割ほど高くして企業の導入意欲を高める。

調達価格等算定委員会が24年度の買い取り価格をまとめた。FITは企業や家庭が発電した再生エネの電気を電力会社が10〜20年間、固定価格で買い取

る仕組み。東日本大震災後の12年度に導入した。家庭や企業が電気代に上乗せして支払う賦課金が原資になっている。

12円で買い取る屋根置きは出力10キロワット以上の事業用太陽光が対象となる。平地などに置く場合は10キロワット以上50キロワット未満で10円、50キロワット以上250キロワット未満で9.2円に設定する。屋根置きについては23年10月以降の認可分にも遡及して適用する。24年度から適用すると企業が投資を先送りする可能性があるためだ。

経産省は30年度の温暖化ガス排出削減目標の達成に向けて、屋根が広い物流倉庫などに導入余地があるとみる。足場設置や耐震補強などの建設コストがかさむため価格差をつける。

買い取り価格の引き上げは賦課金の上昇圧力になるが、全体で見ればわずかで、経産省は「国民負担に直結するような上昇は見込まれない」と説明する。再生エネの導入量が増えれば、化石燃料の輸入は減る。資源価格が高止まりする場合、電気代全体では消費者の負担を軽減する効果がでる可能性もある。

ロシアによるウクライナ侵攻などによる燃料価格の高騰で足元の電気代は高い。電力を多く消費する企業が太陽光を導入すれば自家消費できる利点がある。固定価格で売電できるため設置にも踏み切りやすい。

国内で太陽光パネルを設置できる適地は減っている。山間部に設置するケースが増えたことで景観や防災を巡る住民トラブルも少なくない。

経産省は事業者に対して、森林法や盛土規制法などの関係法令に基づく許認可を取得することをFITの申請要件にする方針だ。省令改正で対応する。法令違反した事業者に対しFIT交付金を早期に停止できるよう再エネ特措法の改正案を通常国会に提出する。

地域住民の理解を得るため、住民説明会などで事業内容を事前に通知することをFIT認定の条件にする。30年代半ば以降に大量廃棄が見込まれる使用済みパネルの処分やリサイクルを巡り、パネルに含まれる物質の表示をFIT認定の義務とするよう省令改正する。

（2023年1月31日　日本経済新聞）

サウジ原油調整金下げ、1年3カ月ぶり低水準　2月積み

サウジアラビア国営石油のサウジアラムコは、2月積みのアジア向け原油の調整金を引き下げる。代表油種の「アラビアンライト」は1月積みから1.45ドル

低い1バレルあたり1.80ドルの割り増しと、2021年11月以来1年3カ月ぶりの低水準となった。中国の新型コロナウイルス感染拡大に伴う足元の原油需要の鈍さなどを映した。

日本の石油会社がサウジと結ぶ長期契約の価格は、ドバイ原油とオマーン原油の月間平均価格を指標とし、油種ごとに調整金を加減して決まる。

2月は5油種全てで調整金が引き下げとなった。引き下げ幅が最も大きかったのは軽質の「エキストラライト」で、1月積みに比べて2.90ドル引き下げ1バレルあたり3.55ドルの割り増しとした。同じく軽質の「スーパーライト」も同2.40ドル引き下げ4.95ドルの割り増しとなった。石油化学品に使うナフサの需要低迷が響いたもようだ。

重質の「アラビアンヘビー」は1月積みに比べて1.00ドル引き下げ2.25ドルの割り引きとなり、2カ月連続で割り引きが適用となった。

中国では新型コロナを封じ込める「ゼロコロナ」政策が事実上終わり、今後は経済再開に伴って原油需要が徐々に回復すると見込まれている。一方で「急激な方針転換は足元の感染急拡大も招いており、需要回復が遅れる可能性もある」（エネルギー・金属鉱物資源機構＝JOGMEC＝の野神隆之首席エコノミスト）。

アジア市場の競合激化も影響した。欧州連合（EU）は22年12月からロシア産原油の禁輸に踏み切った。ロシアは買い手が減った分、中国やインドなどに割引き販売を余儀なくされている。割安なロシア産のアジア市場への流入で、中東産の需要が圧迫されている面もあるとみられる。

（2023年1月11日　日本経済新聞）

現職者・退職者が語る 資源・素材業界の口コミ

※編集部に寄せられた情報を基に作成

▶労働環境

職種：経営企画　　年齢・性別：30代後半・男性

- 30代半ばまではほぼ年功序列で賞与も横並びです。
- 昇進に差がつきにくいので，同期の間も和気あいあいとしています。
- 実質的な最初の選別は，30代後半で課長級（管理職）に昇格する時。
- 課長級昇格後に，将来の幹部となる人材を選抜しているようです。

職種：社内SE　　年齢・性別：20代後半・男性

- 人と人との関わり方が丁寧で，とても雰囲気の良い会社です。
- 有給休暇が取得しやすく，無理な残業が続くこともありません。
- 勤続年数がある程度行くと，長期の休暇を取ることができます。
- 長期休暇で海外旅行に出かけている人もいます。

職種：ネイリスト　　年齢・性別：20代後半・女性

- 風通しの良い職場で，仲間を大切にする雰囲気です。
- 定期的に上司に悩みなどを相談出来る機会が設けられています。
- 指導は厳しい事もありましたが，後で必ずフォローしてくれます。
- モチベーションが下がらないよう，皆で励ましあえる環境です。

職種：法人営業　　年齢・性別：30代後半・男性

- 外部資格や社内資格の取得，通信教育の受講等が昇進には必要です。
- 業務に直接関係のない資格もありますが，視野を広げる効果も。
- 受講費用の補助もあるので，積極的に挑戦してみると良いでしょう。
- 部署によっては，全く受講する時間が取れないこともありますが。

▶福利厚生

職種：機械関連職　　年齢・性別：20代後半・男性

・福利厚生は基本的なものは揃っており，細かな補助等もあります。
・社内の研修センターやeラーニングなど，学習環境も整っています。
・自主的にキャリアアップを目指したい人には良い環境だと思います。
・休暇取得は部署にもよりますが，ほぼ取得できていると思います。

職種：技能工（その他）　　年齢・性別：50代前半・男性

・有給休暇が貯められるのは最大40日まで。
・年齢制限がありますが，男女共に独身寮や社宅があります。
・育児休暇制度やボランティア活動などのための休暇制度もあります。
・勤続10年目，30年目に旅行補助金と連続休暇がもらえます。

職種：一般事務　　年齢・性別：20代後半・女性

・住宅補助，産休制度も整っており，福利厚生は充実しています。
・サービス残業や休日出勤もなく有給休暇も取りやすいと思います。
・残業は基本的にあまりありませんが残業代はきちんと支払われます。
・組合企画のイベントなどもあり，風通しはいい環境だと思います。

職種：海外営業　　年齢・性別：30代後半・男性

・30代半ばから裁量労働になり，残業代ではなく定額の手当が出ます。
・社宅は充実していて，都内に新築の社宅が幾つかあり快適です。
・勤務時間は部署によりますが，それほど忙しくはありません。
・社内公募制は年に一回応募でき，異動は基本的に3〜5年ごとです。

▶仕事のやりがい

職種：スーパーバイザー　　　年齢・性別：20代後半・女性

- 女性社会ですが，風通しは良く社風は非常に良いです。
- 先輩方から商品の奥深さや接客の奥深さを教えていただけます。
- 下着から世の女性を美しくという目標を掲げ，日々奮闘しています。
- 世間の女性から信頼を得ている商品に携われ，やりがいを感じます。

職種：法人営業　　　年齢・性別：20代後半・男性

- 世の中のエネルギーを支える，やりがいのある仕事だと思います。
- 人々の生活に不可欠なものを扱う使命感を実感できます。
- 日々，専門性を高めることができる環境に恵まれています。
- 社風はとても明るい人が多いので過ごしやすいと思います。

職種：法人営業　　　年齢・性別：30代後半・男性

- 経験を積めば大きな額が動く仕事を任せてもらえるようになります。
- やりがいを感じるのは，お客様から感謝のお言葉をいただいた時。
- スキル不足でもやる気と熱意で希望部門に異動した社員もいます。
- 社内や事業部内でイベントが企画され，横の風通しも良いです。

職種：生産技術（機械）　　　年齢・性別：50代前半・男性

- 若い時から，グローバルな大きな仕事を任せて貰えること。
- 新商品の企画から販売まで一貫して見られる面白みもあります。
- 社員一人一人と上司が半期ごとに面接をし，達成度など確認します。
- 本人のやる気と実力次第で，どんどん成長できる環境だと思います。

▶ブラック？ホワイト？

職種：生産管理・品質管理（機械）　　年齢・性別：20代後半・男性

・エネルギーのリーディングカンパニーとしての力強さは皆無かと。
・全社的に地味ですし，悪い意味で波風立てない保守的な社風です。
・コスト低減にも積極的ではなく，社内政治的な仕事が多いです。
・お客様のお役に立っている仕事ができていないと感じてしまいます。

職種：電気・電子関連職　　年齢・性別：30代後半・男性

・残業代はでるが，経費削減という名目で残業時間にはうるさいです。
・インフラ企業なので，頑張りで評価されるわけでもありません。
・上司の好き嫌いといった，個人的な評価で給料が増減する世界です。
・頑張って上司を持ち上げ続ければ評価される日も近づくのかも。

職種：電気・電子関連職　　年齢・性別：30代後半・男性

・学閥が存在し，越えられない壁というのができています。
・日本の昔ながらの安定した大企業の体質そのままです。
・仕事ができる人ほどやりがいのなさで悩むことになるようです。
・割り切って，企業のブランドイメージに頼るならば安泰かと。

職種：財務　　年齢・性別：20代後半・男性

・総合職の場合，深夜残業や休日出勤が年間を通して頻繁にあります。
・研修や教育に熱心ですが，平常業務に上積みとなり負担は増えます。
・使命感を持ち全身全霊で仕事に取り組む人には良い職場でしょう。
・事務系の場合は転勤も多いので，生活設計が難しくなることも。

▶女性の働きやすさ

職種：販売スタッフ　　年齢・性別：20代後半・女性

・年代関係なく女性は働きやすく，多くの女性が活躍しています。
・育児休暇や生理休暇もあって，取得もしやすいと思います。
・乳がん検診や，子宮がん検診など，健康診断も充実しています。
・仕事柄，美意識が高くなるのか，社内の方は皆さん綺麗です。

職種：事務関連職　　年齢・性別：20代後半・男性

・人事異動や職場環境を含め女性への配慮は一層充実してきています。
・既婚者は自宅近くの支店への異動や，夫の転勤先に応じることも。
・新しい取り組みを通じて，女性社員の長期雇用を目指しています。
・もともと女性には働きやすい職場でしたが，更に良くなった印象。

職種：MR・MS　　年齢・性別：20代後半・女性

・女性が育児のために時短勤務ができるような環境ではないです。
・育休後職場復帰して仕事と育児を両立させるのは難しいかと。
・女性の労働環境を向上させつつありますが，道半ばという感じです。
・出産や育児を考えなければ，男女で出世に差はないと思います。

職種：総務　　年齢・性別：30代前半・女性

・出産，育児休暇はきちんと取得させてもらえました。
・結婚後も働いている女性のほとんどが，休暇を取得しています。
・産休中は給与も会社から支給されます。（育休中は別）
・出産後も大変な思いをすることなく，元の仕事に復帰できます。

▶今後の展望

職種：法人営業　　年齢・性別：20代後半・男性

・まだまだ女性の管理職の割合は少ないのが現状です。
・育休など取りやすいため，最近では復帰する女性も増えています。
・総合職の場合，転勤が多いため既婚者が続けにくいのがネックです。
・社会環境の変化に伴い，今後女性管理職も増やす方針のようです。

職種：法人営業　　年齢・性別：30代後半・男性

・震災後電力会社が向かい風の中，自社へは追い風が吹いています。
・電力市場の完全自由化の流れの中，市場への参入も果たしました。
・現在は規模で上回る電力会社も飲み込もうとする勢いだと思います。
・人材確保や人材育成にも力を入れており，将来性は十分です。

職種：購買・資材　　年齢・性別：30代後半・男性

・女性も管理職を目指せると思いますが，まだ見たことがありません。
・そもそも総合職の女性が少なく，勤続する女性も少ないためかと。
・ダイバーシティやワークライフバランスに会社も注力しています。
・女性総合職，管理職を今後増やしていく方針のようです。

職種：マーケティング・企画系管理職　　年齢・性別：30代後半・男性

・女性管理職を増やしていく方針を打ち出しています。
・実際に年次的に男性社員よりも早く課長に登用された人もいます。
・出産・育児休暇を取ることに対するネガティブな反応はありません。
・マネジメントレベルを目指す女性には良い会社になりつつあります。

資源・素材業界　国内企業リスト（一部抜粋）

区別	会社名	本社住所
ガラス・土石製品	日東紡績	東京都千代田区九段北 4-1-28
	旭硝子	東京都千代田区丸の内一丁目 5 番 1 号
	日本板硝子	大阪市中央区北浜 4 丁目 5 番 33 号
	石塚硝子	愛知県岩倉市川井町 1880 番地
	日本山村硝子	兵庫県尼崎市西向島町 15 番 1 号
	日本電気硝子	滋賀県大津市晴嵐二丁目 7 番 1 号
	オハラ	神奈川県相模原市中央区小山一丁目 15 番 30 号
	住友大阪セメント	東京都千代田区六番町 6 番地 28
	太平洋セメント	東京都港区台場 2-3-5 台場ガーデンシティビル
	デイ・シイ	神奈川県川崎市川崎区東田町 8 番地
	日本ヒューム	東京都港区新橋 5-33-11
	日本コンクリート工業	東京都港区港南 1 丁目 8 番 27 号　日新ビル
	三谷セキサン	福井県福井市豊島 1 丁目 3 番 1 号
	ジャパンパイル	東京都中央区日本橋浜町 2 丁目 1 番 1 号
	東海カーボン	東京都港区北青山 1-2-3
	日本カーボン	東京都中央区八丁堀 2-6-1
	東洋炭素	大阪市北区梅田 3-3-10 梅田ダイビル 10 階
	ノリタケカンパニーリミテド	愛知県名古屋市西区則武新町三丁目 1 番 36 号
	TOTO	福岡県北九州市小倉北区中島 2-1-1
	日本碍子	愛知県名古屋市瑞穂区須田町 2 番 56 号
	日本特殊陶業	名古屋市瑞穂区高辻町 14-18
	ダントーホールディングス	大阪府大阪市北区梅田三丁目 3 番 10 号
	MARUWA	愛知県尾張旭市南本地ヶ原町 3-83
	品川リフラクトリーズ	東京都千代田区大手町 2 丁目 2 番 1 号 新大手町ビル 8F
	黒崎播磨	福岡県北九州市八幡西区東浜町 1 番 1 号
	ヨータイ	大阪府貝塚市二色中町 8 番 1 号
	イソライト工業	大阪府大阪市北区中之島 3 丁目 3 番 23 号
	東京窯業	東京都港区港南 2-16-2 太陽生命品川ビル 10F

区別	会社名	本社住所
ガラス・土石製品	ニッカトー	大阪府堺市堺区遠里小野町 3-2-24
	フジミイン コーポレーテッド	愛知県清須市西枇杷島町地領二丁目 1 番地 1
	エーアンドエーマテリアル	横浜市鶴見区鶴見中央 2 丁目 5 番 5 号
	ニチアス	東京都港区芝大門一丁目 1 番 26 号
	ニチハ	愛知県名古屋市中区錦二丁目 18 番 19 号 三井住友銀行名古屋ビル
ゴム製品	横浜ゴム	東京都港区新橋五丁目 36 番 11 号
	東洋ゴム工業	大阪府大阪市西区江戸堀一丁目 17 番 18 号
	ブリヂストン	東京都中央区京橋一丁目 10 番 1 号
	住友ゴム工業	神戸市中央区脇浜町 3 丁目 6 番 9 号
	藤倉ゴム工業	東京都江東区有明 3-5-7
	オカモト	東京都文京区本郷 3 丁目 27 番 12 号
	フコク	埼玉県さいたま市中央区新都心 11-2 ランドアクシスタワー 24F
	ニッタ	大阪府大阪市浪速区桜川 4-4-26
	東海ゴム工業	愛知県小牧市東三丁目 1 番地
	三ツ星ベルト	兵庫県神戸市長田区浜添通 4 丁目 1 番 21 号
	バンドー化学	兵庫県神戸市中央区港島南町 4 丁目 6 番 6 号
パルプ・紙	特種東海製紙	東京都中央区八重洲 2-4-1
	王子ホールディングス	東京都中央区銀座四丁目 7 番 5 号
	日本製紙	東京都千代田区神田駿河台四丁目 6 番地
	三菱製紙	東京都墨田区両国 2 丁目 10 番 14 号
	北越紀州製紙	東京都中央区日本橋本石町 3-2-2
	中越パルプ工業	富山県高岡市米島 282
	巴川製紙所	東京都中央区京橋一丁目 7 番 1 号
	大王製紙	愛媛県四国中央市三島紙屋町 2 番 60 号 東京都中央区八重洲 2 丁目 7 番 2 号 八重洲三井ビル
	レンゴー	大阪府大阪市北区中之島二丁目 2 番 7 号
	トーモク	東京都千代田区丸の内 2-2-2
	ザ・パック	大阪府大阪市東成区東小橋 2 丁目 9-9

区別	会社名	本社住所
化学	クラレ	東京都千代田区大手町 1-1-3 大手センタービル
	旭化成	東京都千代田区神田神保町 1 丁目 105 番地 神保町三井ビル内
	共和レザー	静岡県浜松市南区東町 1876 番地
	コープケミカル	東京都千代田区一番町 23 番地 3
	昭和電工	東京都港区芝大門 1 丁目 13 番 9 号
	住友化学	大阪市中央区北浜 4 丁目 5 番 33 号 住友ビル
	日本化成	東京都中央区新川 1-8-8
	住友精化	大阪市中央区北浜 4 丁目 5 番 33 号 住友ビル本館
	日産化学工業	東京都千代田区神田錦町 3 丁目 7 番地 1
	ラサ工業	東京都中央区京橋 1－1－1 八重洲ダイビル
	クレハ	東京都中央区日本橋浜町三丁目 3 番 2 号
	多木化学	兵庫県加古川市別府町緑町 2 番地
	テイカ	大阪府大阪市中央区北浜 3 丁目 6 番 13 号 11
	石原産業	大阪府大阪市西区江戸堀一丁目 3 番 15 号
	片倉チッカリン	東京都千代田区九段北一丁目 13 番 5 号
	日本曹達	東京都千代田区大手町二丁目 2 番 1 号 新大手町ビル
	東ソー	東京都港区芝三丁目 8 番 2 号
	トクヤマ	東京都渋谷区渋谷 3-3-1
	セントラル硝子	東京都千代田区神田錦町三丁目 7 番地 1 興和一橋ビル
	東亞合成	東京都港区西新橋一丁目 14 番 1 号
	ダイソー	大阪府大阪市西区阿波座 1-12-18
	関東電化工業	東京都千代田区丸の内 1-2-1
	電気化学工業	東京都中央区日本橋室町二丁目 1 番 1 号 日本橋三井タワー
	信越化学工業	東京都千代田区大手町二丁目 6 番 1 号
	日本カーバイド工業	東京都港区港南 2-11-19
	堺化学工業	大阪府堺市堺区戎之町西 1 丁目 1 番 23 号
	エア・ウォーター	大阪市中央区東心斎橋一丁目 20 番 16 号
	大陽日酸	東京都品川区小山一丁目 3 番 26 号

区別	会社名	本社住所
化学	日本化学工業	東京都江東区亀戸 9-11-1
	日本パーカライジング	東京都中央区日本橋一丁目 15 番 1 号
	高圧ガス工業	大阪市北区堂山町 1 番 5 号
	チタン工業	山口県宇部市小串 1978 番地の 25
	四国化成工業	香川県丸亀市土器町東八丁目 537 番地 1
	戸田工業	広島県大竹市明治新開 1-4
	ステラ ケミファ	大阪府大阪市中央区淡路町 3-6-3 NM プラザ御堂筋 3F
	保土谷化学工業	東京都中央区八重洲二丁目 4 番地 1 号 常和八重洲ビル
	日本触媒	大阪府大阪市中央区高麗橋四丁目 1 番 1 号 興銀ビル
	大日精化工業	東京都中央区日本橋馬喰町 1-7-6
	カネカ	大阪市北区中之島二丁目 3 番 18 号
	三菱瓦斯化学	東京都千代田区丸の内二丁目 5 番 2 号 三菱ビル
	三井化学	東京都港区東新橋一丁目 5 番 2 号
	JSR	東京都港区東新橋一丁目 9 番 2 号汐留住友ビル
	東京応化工業	神奈川県川崎市中原区中丸子 150
	大阪有機化学工業	大阪府大阪市中央区安土町 1-7-20
	三菱ケミカル ホールディングス	東京都千代田区丸の内一丁目 1 番 1 号 パレスビル
	日本合成化学工業	大阪府大阪市北区大淀中 1-1-88 梅田スカイビルタワーイースト
	ダイセル	大阪府大阪市北区梅田 3-4-5 毎日インテシオ 東京都港区港南二丁目 18 番 1 号 JR 品川イーストビル
	住友ベークライト	東京都品川区東品川二丁目 5 番 8 号 天王洲パークサイドビル
	積水化学工業	大阪府大阪市北区西天満 2 丁目 4 番 4 号
	日本ゼオン	東京都千代田区丸の内 1-6-2 新丸の内センタービル
	アイカ工業	愛知県清須市西堀江 2288 番地
	宇部興産	宇部本社：山口県宇部市大字小串 1978-96 東京本社：東京都港区芝浦 1-2-1 シーバンス N 館
	積水樹脂	東京都港区海岸 1 丁目 11 番 1 号 ニューピア竹芝ノースタワー
	タキロン	大阪府大阪市北区梅田三丁目 1 番 3 号 ノースゲートビルディング

区別	会社名	本社住所
化学	旭有機材工業	宮崎県延岡市中の瀬町2丁目5955番地
	日立化成	東京都千代田区丸の内一丁目9番2号 （グラントウキョウサウスタワー）
	ニチバン	東京都文京区関口二丁目3番3号
	リケンテクノス	東京都中央区日本橋本町3丁目11番5号
	大倉工業	香川県丸亀市中津町1515番地
	積水化成品工業	大阪市北区西天満2丁目4番4号 関電堂島ビル
	群栄化学工業	群馬県高崎市宿大類町700番地
	タイガースポリマー	大阪府豊中市新千里東町1丁目4番1号 （阪急千里中央ビル8階）
	ミライアル	東京都豊島区西池袋1-18-2
	日本化薬	東京都千代田区富士見1-11-2 東京富士見ビル
	カーリット ホールディングス	東京都中央区京橋1丁目17番10号
	日本精化	大阪府大阪市中央区備後町2丁目4番9号 日本精化ビル
	ADEKA	東京都荒川区東尾久七丁目2番35号
	日油	東京都渋谷区恵比寿4-20-3 恵比寿ガーデンプレイスタワー
	新日本理化	大阪府大阪市中央区備後町2丁目1番8号
	ハリマ化成グループ	東京都中央区日本橋3丁目8番4号※1
	花王	東京都中央区日本橋茅場町一丁目14番10号
	第一工業製薬	京都府京都市南区吉祥院大河原町5
	三洋化成工業	京都府京都市東山区一橋野本町11番地の1
	大日本塗料	大阪府大阪市此花区西九条六丁目1番124号
	日本ペイント	大阪府大阪市北区大淀北2-1-2
	関西ペイント	大阪府大阪市中央区今橋2丁目6番14号
	神東塗料	兵庫県尼崎市南塚口町6丁目10番73号
	中国塗料	東京都千代田区霞が関3丁目2番6号 東京倶楽部ビルディング
	日本特殊塗料	東京都北区王子5丁目16番7号
	藤倉化成	東京都港区芝公園2-6-15 黒龍芝公園ビル
	太陽ホールディングス	東京都練馬区羽沢二丁目7番1号

区別	会社名	本社住所
化学	DIC	東京都千代田区神田淡路町2丁目101番地 ワテラスタワー
	サカタインクス	大阪府大阪市西区江戸堀一丁目23番37号
	東洋インキSC ホールディングス	東京都中央区京橋三丁目7番1号
	T＆K　TOKA	東京都板橋区泉町20番4号
	富士フイルム ホールディングス	東京都港区赤坂九丁目7番3号 ミッドタウン・ウェスト
	資生堂	東京都港区東新橋一丁目6番2号
	ライオン	東京都墨田区本所一丁目3番7号
	高砂香料工業	東京都大田区蒲田5-37-1
	マンダム	大阪府大阪市中央区十二軒町5-12
	ミルボン	大阪府大阪市都島区善源寺町二丁目3番35号
	ファンケル	神奈川県横浜市中区山下町89番地1
	コーセー	東京都中央区日本橋三丁目6番2号 日本橋フロント
	ドクターシーラボ	東京都渋谷区広尾一丁目1番39号 恵比寿プライムスクエアタワー14F
	シーボン	神奈川県川崎市宮前区菅生1丁目20番8号
	ポーラ・オルビス ホールディングス	東京都中央区銀座1-7-7　ポーラ銀座ビル
	ノエビアホールディングス	兵庫県神戸市中央区港島中町6-13-1
	エステー	東京都新宿区下落合一丁目4番10号
	コニシ	大阪府大阪市中央区道修町一丁目7番1号 （北浜TNKビル）
	長谷川香料	東京都中央区日本橋本町4丁目4番14号
	星光PMC	東京都中央区日本橋本町3丁目3番6号
	小林製薬	大阪府大阪市中央区道修町四丁目4番10号 KDX小林道修町ビル
	荒川化学工業	大阪市中央区平野町1丁目3番7号
	メック	兵庫県尼崎市昭和通3丁目95番地
	日本高純度化学	東京都練馬区北町三丁目10番18号
	JCU	東京都台東区東上野4丁目8－1 TIXTOWER UENO 16階
	新田ゼラチン	大阪市浪速区桜川4丁目4番26号

区別	会社名	本社住所
化学	アース製薬	東京都千代田区神田司町二丁目 12 番地 1
	イハラケミカル工業	東京都台東区池之端一丁目 4-26
	北興化学工業	東京都中央区日本橋本石町四丁目 4 番 20 号 （三井第二別館）
	大成ラミック	埼玉県白岡市下大崎 873-1
	クミアイ化学工業	東京都台東区池之端一丁目 4 番 26 号
	日本農薬	東京都中央区京橋 1-19-8（京橋 OM ビル）
	アキレス	東京都新宿区大京町 22-5
	有沢製作所	新潟県上越市南本町 1-5-5
	日東電工	大阪府大阪市北区大深町 4-20 グランフロント大阪タワー A
	レック	東京都中央区日本橋浜町 3-15-1 日本橋安田スカイゲート 6 階
	きもと	埼玉県さいたま市中央区鈴谷 4 丁目 6 番 35 号
	藤森工業	東京都新宿区西新宿一丁目 23 番 7 号 新宿ファーストウエスト 10 階
	前澤化成工業	東京都中央区八重洲二丁目 7 番 2 号
	JSP	東京都千代田区丸の内 3-4-2（新日石ビル）
	エフピコ	広島県福山市曙町 1 丁目 12 番 15 号
	天馬	東京都北区赤羽 1-63-6
	信越ポリマー	東京都中央区日本橋本町 4-3-5 信越ビル
	東リ	兵庫県伊丹市東有岡 5 丁目 125 番地
	ニフコ	神奈川県横浜市戸塚区舞岡町 184-1
	日本バルカー工業	東京都品川区大崎二丁目 1 番 1 号
	ユニ・チャーム	東京都港区三田 3-5-27
金属製品	稲葉製作所	東京都大田区矢口 2 丁目 5 番 25 号
	宮地エンジニアリング グループ	東京都中央区日本橋富沢町 9 番 19 号
	トーカロ	兵庫県神戸市東灘区深江北町 4 丁目 13 番 4 号
	アルファ	神奈川県横浜市金沢区福浦 1-6-8
	SUMCO	東京都港区芝浦一丁目 2 番 1 号
	川田テクノロジーズ	東京都北区滝野川 1-3-11

区別	会社名	本社住所
金属製品	東洋製罐グループ ホールディングス	東京都品川区東五反田 2-18-1 大崎フォレストビルディング
	ホッカンホールディングス	東京都千代田区丸の内 2-2-2　丸の内三井ビル
	コロナ	新潟県三条市東新保 7 番 7 号
	横河ブリッジ ホールディングス	千葉県船橋市山野町 27　横河テクノビル
	日本橋梁	東京都江東区豊洲 5 丁目 6 番 52 号 （NBF 豊洲キャナルフロント）
	駒井ハルテック	東京都台東区上野 1 丁目 19 番 10 号
	高田機工	東京都中央区日本橋大伝馬町 3 番 2 号 （Daiwa 小伝馬町ビル）
	三和ホールディングス	東京都新宿区西新宿 2 丁目 1 番 1 号 新宿三井ビル 52 階
	文化シヤッター	東京都文京区西片 1 丁目 17 番 3 号
	三協立山	富山県高岡市早川 70
	東洋シヤッター	大阪市中央区南船場二丁目 3 番 2 号
	LIXIL グループ	東京都千代田区霞が関三丁目 2 番 5 号 霞が関ビルディング 36 階
	日本フイルコン	東京都稲城市大丸 2220
	ノーリツ	兵庫県神戸市中央区江戸町 93 番地（栄光ビル）
	長府製作所	山口県下関市長府扇町 2 番 1 号
	リンナイ	愛知県名古屋市中川区福住町 2-26
	ダイニチ工業	新潟県 新潟市南区北田中 780-6
	日東精工	京都府綾部市井倉町梅ケ畑 20 番地
	三洋工業	東京都江東区亀戸 6-20-7
	岡部	東京都墨田区押上 2 丁目 8 番 2 号
	中国工業	広島県呉市広名田一丁目 3 番 1 号
	東プレ	東京都中央区日本橋 3-12-2（朝日ビル）
	高周波熱錬	東京都品川区東五反田二丁目 17 番 1 号 オーバルコート大崎マークウエスト
	東京製綱	東京都中央区日本橋 3-6-2（日本橋フロント）
	サンコール	京都市右京区梅津西浦町 14 番地
	モリテック　スチール	大阪府大阪市中央区谷町 6-18-31
	バイオラックス	神奈川県横浜市保土ケ谷区岩井町 51

区別	会社名	本社住所
金属製品	日本発條	神奈川県横浜市金沢区福浦 3-10
	中央発條	愛知県名古屋市緑区鳴海町上汐田 68 番地
	アドバネクス	東京都北区田端六丁目 1 番 1 号 田端アスカタワー
	三益半導体工業	群馬県高崎市保渡田町 2174-1
鉱業	住石ホールディングス	東京都港区新橋 2 丁目 12 番 15 号（田中田村町ビル）
	日鉄鉱業	東京都千代田区丸の内 2 丁目 3-2
	三井松島産業	福岡県福岡市中央区大手門 1 丁目 1 番 12 号
	国際石油開発帝石	東京都港区赤坂 5-3-1　赤坂 Biz タワー 32F
	日本海洋掘削	東京都中央区日本橋堀留町 2-4-3 新堀留ビル
	関東天然瓦斯開発	東京都中央区日本橋室町二丁目 1-1 三井二号館
	石油資源開発	東京都千代田区丸の内一丁目 7 番 12 号
石油・石炭製品	日本コークス工業	東京都江東区豊洲三丁目 3 番 3 号
	昭和シェル石油	東京都港区台場二丁目 3 番 2 号 台場フロンティアビル
	コスモ石油	東京都港区芝浦一丁目 1 番 1 号 浜松町ビルディング
	ニチレキ	東京都千代田区九段北 4-3-29
	東燃ゼネラル石油	東京都港区港南一丁目 8 番 15 号
	ユシロ化学工業	東京都大田区千鳥 2-34-16
	ビーピー・カストロール	東京都品川区大崎 1 － 11 － 2　ゲートシティ大崎
	富士石油	東京都品川区東品川二丁目 5 番 8 号 天王洲パークサイドビル 10 階・11 階
	MORESCO	兵庫県神戸市中央区港島南町 5-5-3
	出光興産	東京都千代田区丸の内 3 丁目 1 番 1 号
	JX ホールディングス	東京都千代田区大手町 2-6-3
繊維製品	片倉工業	東京都中央区明石町 6-4 ニチレイ明石町ビル
	グンゼ	大阪市北区梅田 1 丁目 8-17　大阪第一生命ビル
	東洋紡	大阪市北区堂島浜二丁目 2 番 8 号
	ユニチカ	大阪府大阪市中央区久太郎町四丁目 1 番 3 号 大阪センタービル
	富士紡ホールディングス	東京都中央区日本橋人形町 1-18-12
	日清紡ホールディングス	東京都中央区日本橋人形町 2-31-11

区別	会社名	本社住所
繊維製品	倉敷紡績	大阪市中央区久太郎町2丁目4番31号
	シキボウ	大阪府大阪市中央区備後町3-2-6
	日本毛織	大阪府大阪市中央区瓦町三丁目3-10
	大東紡織	東京都中央区日本橋小舟町6番6号 小倉ビル
	トーア紡コーポレーション	大阪府大阪市中央区瓦町三丁目1番4号
	ダイドーリミテッド	東京都千代田区外神田三丁目1番16号
	帝国繊維	東京都中央区日本橋2丁目5番13号
	帝人	大阪府大阪市中央区南本町一丁目6番7号
	東レ	東京都中央区日本橋室町二丁目1番1号 日本橋三井タワー
	サカイオーベックス	福井県福井市花堂中2丁目15-1
	住江織物	大阪府大阪市中央区南船場三丁目11番20号
	日本フエルト	東京都北区赤羽西1丁目7番11号
	イチカワ	東京都文京区本郷2丁目14番15号
	日本バイリーン	東京都中央区築地五丁目6番4号 浜離宮三井ビルディング
	日東製網	広島県福山市一文字町14番14号
	芦森工業	大阪府大阪市西区北堀江3丁目10番18号
	アツギ	神奈川県海老名市大谷北1丁目9-1
	ダイニック	東京都港区新橋6-17-19（新御成門ビル）
	セーレン	福井県福井市毛矢1-10-1
	東海染工	愛知県名古屋市西区牛島町6番1号 3-28-12
	小松精練	石川県能美市浜町ヌ167
	ワコールホールディングス	京都府京都市南区吉祥院中島町29
	ホギメディカル	東京都港区赤坂2丁目7番7号
	レナウン	東京都江東区有明三丁目6番11号 TFTビル東館6F
	クラウディア	京都市右京区西院高田町34番地
	TSIホールディングス	東京都千代田区麹町五丁目7番1号
	三陽商会	東京都港区海岸一丁目2番20号 汐留ビルディング（21階〜24階）
	ナイガイ	東京都墨田区緑4-19-17

区別	会社名	本社住所
繊維製品	オンワードホールディングス	東京都中央区京橋 1 丁目 7 番 1 号 TODA BUILDING
	ルック	東京都目黒区中目黒 2 丁目 7 番 7 号
	キムラタン	兵庫県神戸市中央区京町 72 番地
	ゴールドウイン	東京都渋谷区松濤 2-20-6
	デサント	東京都豊島区目白 1-4-8 大阪市天王寺区堂ヶ芝 1-11-3
	キング	東京都品川区西五反田 2-14-9
	ヤマトインターナショナル	大阪府大阪市中央区博労町 2-3-9
鉄鋼	新日鐵住金	東京都千代田区丸の内 2 丁目 6-1
	神戸製鋼所	神戸市中央区脇浜海岸通 2 丁目 2-4
	中山製鋼所	大阪市大正区船町 1-1-66
	合同製鐵	大阪市北区堂島浜二丁目 2 番 8 号
	ジェイ エフ イーホールディングス	東京都千代田区内幸町 2 丁目 2 番 3 号 （日比谷国際ビル 28 階）
	日新製鋼ホールディングス	東京都千代田区丸の内三丁目 4 番 1 号（新国際ビル）
	東京製鐵	東京都千代田区霞が関三丁目 7 番 1 号
	共英製鋼	大阪市北区堂島浜 1 丁目 4 番 16 号
	大和工業	兵庫県姫路市大津区吉美 380 番地
	東京鐵鋼	栃木県小山市横倉新田 520 番地
	大阪製鐵	大阪府大阪市大正区南恩加島一丁目 9-3
	淀川製鋼所	大阪市中央区南本町四丁目 1 番 1 号
	東洋鋼鈑	東京都千代田区四番町 2 番地 12
	丸一鋼管	大阪市西区北堀江 3-9-10
	モリ工業	大阪府大阪市中央区西心斎橋 2-2-3 （ORE 心斎橋ビル 9 階）
	大同特殊鋼	愛知県名古屋市東区東桜 1-1-10 アーバンネット名古屋ビル 22 階
	日本高周波鋼業	東京都千代田区岩本町一丁目 10 番 5 号
	日本冶金工業	東京都中央区京橋 1 丁目 5 番 8 号
	山陽特殊製鋼	兵庫県姫路市飾磨区中島 3007
	愛知製鋼	愛知県東海市荒尾町ワノ割 1 番地
	日立金属	東京都港区芝浦一丁目 2 番 1 号 シーバンス N 館

区別	会社名	本社住所
鉄鋼	日本金属	東京都港区芝 5 丁目 30-7
	大平洋金属	青森県八戸市大字河原木字遠山新田 5-2
	日本電工	東京都中央区八重洲 1-4-16 東京建物八重洲ビル 4 階
	栗本鐵工所	大阪府大阪市西区北堀江 1-12-19
	虹技	兵庫県姫路市大津区勘兵衛町 4 丁目 1
	日本鋳鉄管	埼玉県久喜市菖蒲町昭和沼一番地
	三菱製鋼	東京都中央区晴海三丁目 2 番 22 号 （晴海パークビル）
	日亜鋼業	兵庫県尼崎市道意町 6 丁目 74 番地
	日本精線	大阪市中央区高麗橋四丁目 1 番 1 号 興銀ビル 9F
	シンニッタン	神奈川県川崎市川崎区貝塚 1-13-1
	新家工業	大阪府大阪市中央区南船場 2-12-12
電気・ガス業	東京電力	東京都千代田区内幸町 1-1-3
	中部電力	愛知県名古屋市東区東新町 1 番地
	関西電力	大阪府大阪市北区中之島三丁目 6 番 16 号
	中国電力	広島県広島市中区小町 4 番 33 号
	北陸電力	富山県富山市牛島町 15-1
	東北電力	宮城県仙台市青葉区本町一丁目 7 番 1 号
	四国電力	香川県高松市丸の内 2 番 5 号
	九州電力	福岡県福岡市中央区渡辺通二丁目 1 番 82 号
	北海道電力	北海道札幌市中央区大通東 1 丁目 2
	沖縄電力	沖縄県浦添市牧港 5-2-1
	電源開発	東京都中央区銀座 6-15-1
	東京瓦斯	東京都港区海岸一丁目 5 番 20 号
	大阪瓦斯	大阪市中央区平野町四丁目 1 番 2 号
	東邦瓦斯	愛知県名古屋市熱田区桜田町 19 番 18 号
	北海道瓦斯	札幌市中央区大通西 7 丁目 3-1 エムズ大通ビル
	西部瓦斯	福岡県福岡市博多区千代 1 丁目 17 番 1 号
	静岡瓦斯	静岡県静岡市駿河区八幡一丁目 5-38

区別	会社名	本社住所
非鉄金属	大紀アルミニウム工業所	大阪市西区土佐堀 1 丁目 4 番 8 号 （日栄ビル）
	日本軽金属ホールディングス	東京都品川区東品川 2 丁目 2 番 20 号
	三井金属鉱業	東京都品川区大崎 1-11-1 ゲートシティ大崎 ウェストタワー 19F
	東邦亜鉛	東京都中央区日本橋本町一丁目 6 番 1 号
	三菱マテリアル	東京都千代田区大手町 1-3-2
	住友金属鉱山	東京都港区新橋 5 丁目 11 番 3 号 （新橋住友ビル）
	DOWA ホールディングス	東京都千代田区外神田四丁目 14 番 1 号 秋葉原 UDX ビル 22 階
	古河機械金属	東京都千代田区丸の内 2-2-3 （丸の内仲通りビルディング）
	エス・サイエンス	東京都中央区銀座 8 － 9 － 13　K-18 ビル 7 階
	大阪チタニウムテクノロジーズ	兵庫県尼崎市東浜町 1 番地
	東邦チタニウム	神奈川県茅ヶ崎市茅ヶ崎 3 丁目 3 番地 5 号
	UACJ	東京都千代田区大手町 1-7-2
	古河電気工業	東京都千代田区丸の内 2-2-3
	住友電気工業	大阪市中央区北浜 4 丁目 5 番 33 号 （住友ビル本館）
	フジクラ	東京都江東区木場 1-5-1
	昭和電線ホールディングス	東京都港区虎ノ門一丁目 1 番 18 号
	東京特殊電線	東京都港区新橋六丁目 1 番 11 号
	タツタ電線	大阪府東大阪市岩田町 2 丁目 3 番 1 号
	沖電線	神奈川県川崎市中原区下小田中 2 丁目 12-8
	カナレ電気	神奈川県横浜市港北区新横浜二丁目 4 番 1 号 新横浜 WN ビル 4F
	平河ヒューテック	東京都品川区南大井 3-28-10
	リョービ	広島県府中市目崎町 762 番地
	アサヒホールディングス	兵庫県神戸市中央区加納町 4-4-17 ニッセイ三宮ビル 16F

第3章

就職活動のはじめかた

入りたい会社は決まった。しかし「就職活動とはそもそも何をしていいのかわからない」「どんな流れで進むかわからない」という声は意外と多い。ここでは就職活動の一般的な流れや内容，対策について解説していく。

▶就職活動のスケジュール

| **3**月 | **4**月 | **6**月 |

就職活動スタート

> 2025年卒の就活スケジュールは,経団連と政府を中心に議論され,2024年卒の採用選考スケジュールから概ね変更なしとされている。

エントリー受付・提出

OB・OG訪問

> 企業の説明会には積極的に参加しよう。独自の企業研究だけでは見えてこなかった新たな情報を得る機会であるとともに,モチベーションアップにもつながる。また,説明会に参加した者だけに配布する資料などもある。

合同企業説明会　　個別企業説明会

筆記試験・面接試験等始まる（3月〜）

内々定（大手企業）

2月末までにやっておきたいこと

就職活動が本格化する前に,以下のことに取り組んでおこう。
◎自己分析　◎インターンシップ　◎筆記試験対策
◎業界研究・企業研究　◎学内就職ガイダンス
自分が本当にやりたいことはなにか,自分の能力を最大限に活かせる会社はどこか。自己分析と企業研究を重ね,それを文章などにして明確にしておき,面接時に最大限に活用できるようにしておこう。

※このスケジュール表は一般的なものです。本年(2019年度)の採用スケジュール表では
ありませんので，ご注意ください。

| **7**月 | **8**月 | **10**月 |

中 小 企 業 採 用 本 格 化

内定者の数が採用予定数に満た
ない企業，1年を通して採用を継
続している企業，夏休み以降に採
用活動を実施企業（後期採用）は
採用活動を継続して行っている。
大企業でも後期採用を行っている
こともあるので，企業から内定が
出ても，納得がいかなければ継続
して就職活動を行うこともある。

中小企業の採用が本格化するのは大手
企業より少し遅いこの時期から。HP
などで採用情報をつかむとともに，企
業研究も怠らないようにしよう。

内々定とは10月1日以前に通知（電話等）
されるもの。内定に関しては現在協定があり，
10月1日以降に文書等にて通知される。

内々定（中小企業）　　**内定式（10月～）**

どんな人物が求められる？

多くの企業は，常識やコミュニケーション能力があり，社会のできごと
に高い関心を持っている人物を求めている。これは「会社の一員とし
て将来の企業発展に寄与してくれるか」という視点に基づく，もっとも
普遍的な選考基準だ。もちろん，「自社の志望を真剣に考えているか」
「自社の製品，サービスにどれだけの関心を向けているか」という熱
意の部分も重要な要素になる。

就活ロールプレイ！

理論編

STEP 1　就職活動のスタート

理論編

内定までの道のりは，大きく分けると以下のようになる。

自 己 分 析

↓

企 業 研 究

↓

エントリーシート・筆記試験・面接

↓

内 定

01　まず自己分析からスタート

　就職活動とは，「企業に自分をPRすること」。自分自身の興味，価値観に加えて，強み・能力という要素が加わって，初めて企業側に「自分が働いたら，こういうポイントで貢献できる」と自分自身を売り込むことができるようになる。

■自分の来た道を振り返る

　自己分析をするための第一歩は，「振り返ってみる」こと。

　小学校，中学校など自分のいた"場"ごとに何をしたか（部活動など），何を学んだか，交友関係はどうだったか，興味のあったこと，覚えている印象的なことを書き出してみよう。

■テストを受けてみる

　"自分では気がついていない能力"を客観的に検査してもらうことで，自分に向いている職種が見えてくる。下記の5種類が代表的なものだ。

①職業適性検査　　②知能検査　　③性格検査

④職業興味検査　　⑤創造性検査

■先輩や専門家に相談してみる

　就職活動をするうえでは，"いかに他人に自分のことをわかってもらうか"が
重要なポイント。他者の視点で自分を分析してもらうことで，より客観的な視
点で自己PRができるようになる。

自己分析の流れ

❏過去の経験を書いてみる

❏現在の自己イメージを明確にする…行動，考え方，好きなものなど。

❏他人から見た自分を明確にする

❏将来の自分を明確にしてみる…どのような生活をおくっていたいか。期
　　待，夢，願望。なりたい自分はどういうものか，掘り下げて考える。→
　　自己分析結果を，志望動機につなげていく。

01 企業の絞り込み

　志望企業の絞り込みについての考え方は大きく分けて2つある。

　第1は，同一業種の中で1次候補，2次候補……と絞り込んでいく方法。

　第2は，業種を1次，2次，3次候補と変えながら，それぞれに2社程度ずつ絞り込んでいく方法。

　第1の方法では，志望する同一業種の中で，一流企業，中堅企業，中小企業，縁故などがある歯止めの会社……というふうに絞り込んでいく。

　第2の方法では，自分が最も望んでいる業種，将来好きになれそうな業種，発展性のある業種，安定性のある業種，現在好況な業種……というふうに区別して，それぞれに適当な会社を絞り込んでいく。

02 情報の収集場所

・キャリアセンター

・新聞

・インターネット

・企業情報

『就職四季報』（東洋経済新報社刊），『日経会社情報』（日本経済新聞社刊）などの企業情報。この種の資料は本来"株式市場"についての資料だが，その時期の景気動向を含めた情報を仕入れることができる。

・経済雑誌

『ダイヤモンド』（ダイヤモンド社刊）や『東洋経済』（東洋経済新報社刊），『エコノミスト』（毎日新聞出版刊）など。

・OB・OG／社会人

①成長力

まず"売上高"。次に資本力の問題や利益率などの比率。いくら資本金があっても，それを上回る膨大な借金を抱えていて，いくら稼いでも利払いに追われまくるようでは，成長できないし，安定できない。

成長力を見るには自己資本率を割り出してみる。自己資本を総資本で割って100を掛けると自己資本率がパーセントで出てくる。自己資本の比率が高いほうが成長力もあり安定度も高い。

利益率は純利益を売上高で割って100を掛ける。利益率が高ければ，企業はどんどん成長するし，社員の待遇も上昇する。利益率が低いということは，仕事がどんなに忙しくても利益にはつながらないということになる。

②技術力

技術力は，短期的な見方と長期的な展望が必要になってくる。研究部門が適切な規模か，大学など企業外の研究部門との連絡があるか，先端技術の分野で開発を続けているかどうかなど。

③経営者と経営形態

会社が将来，どのような発展をするか，または衰退するかは経営者の経営哲学，経営方針によるところが大きい。社長の経歴を知ることも必要。創始者の息子，孫といった親族が社長をしているのか，サラリーマン社長か，官庁などからの天下りかということも大切なチェックポイント。

④社風

社風というのは先輩社員から後輩社員に伝えられ，教えられるもの。社風もいろいろな面から必ずチェックしよう。

⑤安定性

企業が成長しているか，安定しているかということは車の両輪。どちらか片方の回転が遅くなっても企業はバランスを失う。安定し，しかも成長する。これが企業として最も理想とするところ。

⑥待遇

初任給だけを考えてみても，それが手取りなのか，基本給なのか。基本給というのはボーナスから退職金，定期昇給の金額にまで響いてくる。また，待遇というのは給与ばかりではなく，福利厚生施設でも大きな差が出てくる。

■そのほかの会社比較の基準

1. ゆとり度

休暇制度は，企業によって独自のものを設定しているところもある。「長期休暇制度」といったものなどの制定状況と，また実際に取得できているかどうかも調べたい。

2. 独身寮や住宅設備

最近では，社宅は廃止し，住宅手当を多く出すという流れもある。寮や社宅についての福利厚生は調べておく。

3. オフィス環境

会社に根づいた慣習や社員に対する考え方が，意外にオフィスの設備やレイアウトに表れている場合がある。

たとえば，個人の専有スペースの広さや区切り方，パソコンなどOA機器の設置状況，上司と部下の机の配置など，会社によってずいぶん違うもの。玄関ロビーや受付の様子を観察するだけでも，会社ごとのカラーや特徴がどこかに見えてくる。

4. 勤務地

転勤はイヤ，どうしても特定の地域で生活していきたい。そんな声に応えて，最近は流通業などを中心に，勤務地限定の雇用制度を取り入れる企業も増えている。

---

column　初任給では分からない本当の給与

会社の給与水準には「初任給」「平均給与」「平均ボーナス」「モデル給与」など，判断材料となるいくつかのデータがある。これらのデータからその会社の給料の優劣を判断するのは非常に難しい。

たとえば中小企業の中には，初任給が飛び抜けて高い会社がときどきある。しかしその後の昇給率は大きくないのがほとんど。

一方，大手企業の初任給は業種間や企業間の差が小さく，ほとんど横並びと言っていい。そこで，「平均給与」や「平均ボーナス」などで将来の予測をするわけだが，これは一応の目安とはなるが，個人差があるので正確とは言えない。

■**決定版「就職ノート」はこう作る**

1冊にすべて書き込みたいという人には,ルーズリーフ形式のノートがお勧め。会社研究, スケジュール, 時事用語, OB／OG訪問, 切り抜きなどの項目を作りインデックスをつける。

カレンダー, 説明会, 試験などのスケジュール表を貼り, とくに会社別の説明会, 面談, 書類提出, 試験の日程がひと目で分かる表なども作っておく。そして見開き2ページで1社を載せ,左ページに企業研究,右ページには志望理由,自己PRなどを整理する。

就職ノートの主なチェック項目

❏企業研究…資本金, 業務内容, 従業員数など基礎的な会社概要から, 過去の採用状況, 業務報告などのデータ

❏採用試験メモ…日程, 条件, 提出書類, 採用方法, 試験の傾向など

❏店舗・営業所見学メモ…流通関係, 銀行などの場合は, 客として訪問し, 商品 (値段, 使用価値, ユーザーへの配慮), 店員 (接客態度, 商品知識, 熱意, 親切度), 店舗 (ショーケース, 陳列の工夫, 店内の清潔さ) などの面をチェック

❏OB／OG訪問メモ…OB／OGの名前, 連絡先, 訪問日時, 面談場所, 質疑応答のポイント, 印象など

❏会社訪問メモ…連絡先, 人事担当者名, 会社までの交通機関, 最寄り駅からの地図, 訪問のときに得た情報や印象, 訪問にいたるまでの経過も記入

　「OB／OG訪問」は，実際は採用予備選考開始。まず，OB／OG訪問を希望したら，大学のキャリアセンター，教授などの紹介で，志望企業に勤める先輩の手がかりをつかむ。もちろん直接電話なり手紙で，自分の意向を会社側に伝えてもいい。自分の在籍大学，学部をはっきり言って，「先輩を紹介していただけないでしょうか」と依頼しよう。

OB／OG訪問時の質問リスト例

●**採用について**
・成績と面接の比重　　　　　・評価のポイント
・採用までのプロセス（日程）・筆記試験の傾向と対策
・面接は何回あるか　　　　　・コネの効力はどうか
・面接で質問される事項　etc.

●**仕事について**
・内容（入社10年, 20年のOB/OG）・新入社員の仕事
・希望職種につけるのか　　　　・やりがいはどうか
・残業，休日出勤，出張など　　・同業他社と比較してどうか　etc.

●**社風について**
・社内のムード　　　　　　・上司や同僚との関係
・仕事のさせ方　etc.

●**待遇について**
・給与について　　　　　・福利厚生の状態
・昇進のスピード　　　　・離職率について　etc.

インターンシップとは，学生向けに企業が用意している「就業体験」プログラム。ここで学生はさまざまな企業の実態をより深く知ることができ，その後の就職活動において自己分析，業界研究，職種選びなどに活かすことができる。また企業側にとっても有能な学生を発掘できるというメリットがあるため，導入する企業は増えている。

インターンシップ参加が採用につながっているケースもあるため，たくさん参加してみよう。

column コネを利用するのも１つの手段？

コネを活用できるのは，以下のような場合である。

・企業と大学に何らかの「連絡」がある場合

　企業の新卒採用の場合，特定校・指定校が決められていることもある。企業側が過去の実績などに基づいて決めており，大学の力が大きくものをいう。

　とくに理工系では，指導教授や研究室と企業との連絡が密接な場合が多く，教授の推薦が有利であることは言うまでもない。同じ大学出身の先輩とのコネも，この部類に区分できる。

・志望企業と「関係」ある人と関係がある場合

　一般的に言えば，志望企業の取り引き先関係からの紹介というのが一番多い。ただし，年間億単位の実績が必要で，しかも部長・役員以上につながっていなければコネがあるとは言えない。

・志望企業と何らかの「親しい関係」がある場合

　志望企業に勤務したりアルバイトをしていたことがあるという場合。インターンシップもここに分類される。職場にも馴染みがあり人間関係もできているので，就職に際してきわめて有利。

・志望会社に関係する人と「縁故」がある場合

　縁故を「血縁関係」とした場合，日本企業ではこのコネはかなり有効なところもある。ただし，血縁者が同じ会社にいるというのは不都合なことも多いので，どの企業も慎重。

07 会社説明会のチェックポイント

1. 受付の様子

　受付事務がテキパキとしていて，分かりやすいかどうか。社員の態度が親切で誠意が伝わってくるかどうか。

　こういった受付の様子からでも，その会社の社員教育の程度や，新入社員採用に対する熱意とか期待を推し測ることができる。

2. 控え室の様子

　控え室が2カ所以上あって，国立大学と私立大学の訪問者とが，別々に案内されているようなことはないか。また，面談の順番を意図的に変えているようなことはないか。これはよくある例で，すでに大半は内定しているということを意味する場合が多い。

3. 社内の雰囲気

　社員の話し方，その内容を耳にはさむだけでも，社風が伝わってくる。

4. 面談の様子

　何時間も待たせたあげくに，きわめて事務的に，しかも投げやりな質問しかしないような採用担当者である場合，この会社は人事が適正に行われていないということだから，一考したほうがよい。

 ▶ **説明会での質問項目**

・質問内容が抽象的でなく，具体性のあるものかどうか。
・質問内容は，現在の社会・経済・政治などの情況を踏まえた，
　大学生らしい高度で専門性のあるものか。
・質問をするのはいいが，「それでは，あなたの意見はどうか」と
　逆に聞かれたとき，自分なりの見解が述べられるものであるか。

STEP3 提出書類を用意する

（理論編）

　提出する書類は6種類。①〜③が大学に申請する書類，④〜⑥が自分で書く書類だ。大学に申請する書類は一度に何枚も入手しておこう。

- ①「卒業見込証明書」
- ②「成績証明書」
- ③「健康診断書」
- ④「履歴書」
- ⑤「エントリーシート」
- ⑥「会社説明会アンケート」

■自分で書く書類は「自己PR」

　第1次面接に進めるか否かは「自分で書く書類」の出来にかかっている。「履歴書」と「エントリーシート」は会社説明会に行く前に準備しておくもの。「会社説明会アンケート」は説明会の際に書き，その場で提出する書類だ。

01 履歴書とエントリーシートの違い

　Webエントリーを受け付けている企業に資料請求をすると，資料と一緒に「エントリーシート」が送られてくるので，応募サイトのフォームやメールでエントリーシートを送付する。Webエントリーを行っていない企業には，ハガキやメールで資料請求をする必要があるが，「エントリーシート」は履歴書とは異なり，企業が設定した設問に対して回答するもの。すなわちこれが「1次試験」であり，これにパスをした人だけが会社説明会に呼ばれる。

■字はていねいに

字を書くところから，その企業に対する"本気度"は測られている。

■誤字，脱字は厳禁

使用するのは，黒のインク。

■修正液使用は不可

■数字は算用数字

■自分の広告を作るつもりで書く

自分はこういう人間であり，何がしたいかということを簡潔に書く。メリットになることだけで良い。自分に損になるようなことを書く必要はない。

■「やる気」を示す具体的なエピソードを

「私はやる気があります」「私は根気があります」という抽象的な表現だけではNG。それを示すエピソードのようなものを書かなくては意味がない。

Point

自己紹介欄の項目はすべて「自己PR」。自分はこういう人間であることを印象づけ，それがさらに企業への「志望動機」につながっていくような書き方をする。

column 履歴書やエントリーシートは，共通でもいい？

「履歴書」や「エントリーシート」は企業によって書き分ける。業種はもちろん，同じ業界の企業であっても求めている人材が違うからだ。各書類は提出前にコピーを取り，さらに出した企業名を忘れずに書いておくことも大切だ。

写真	スナップ写真は不可。 スーツ着用で,胸から上の物を使用する。ポイントは「清潔感」。 氏名・大学名を裏書きしておく。
日付	郵送の場合は投函する日,持参する場合は持参日の日付を記入する。
生年月日	西暦は避ける。元号を省略せずに記入する。
氏名	戸籍上の漢字を使う。印鑑押印欄があれば忘れずに押す。
住所	フリガナ欄がカタカナであればカタカナで,平仮名であれば平仮名で記載する。
学歴	最初の行の中央部に「学□□歴」と2文字程度間隔を空けて,中学校卒業から大学(卒業・卒業見込み)まで記入する。 中途退学の場合は,理由を簡潔に記載する。留年は記入する必要はない。 職歴がなければ,最終学歴の一段下の行の右隅に,「以上」と記載する。
職歴	最終学歴の一段下の行の中央部に「職□□歴」と2文字程度間隔を空け記入する。 「株式会社」や「有限会社」など,所属部門を省略しないで記入する。 「同上」や「〃」で省略しない。 最終職歴の一段下の行の右隅に,「以上」と記載する。
資格・免許	4級以下は記載しない。学習中のものも記載して良い。 「普通自動車第一種運転免許」など,省略せずに記載する。
趣味・特技	具体的に(例：読書でもジャンルや好きな作家を)記入する。
志望理由	その企業の強みや良い所を見つけ出したうえで,「自分の得意な事」がどう活かせるかなどを考えぬいたものを記入する。
自己PR	応募企業の事業内容や職種にリンクするような,自分の経験やスキルなどを記入する。
本人希望欄	面接の連絡方法,希望職種・勤務地などを記入する。「特になし」や空白はNG。
家族構成	最初に世帯主を書き,次に配偶者,それから家族を祖父母,兄弟姉妹の順に。続柄は,本人から見た間柄。兄嫁は,義姉と書く。
健康状態	「良好」が一般的。

01 エントリーシートの目的

・応募者を，決められた採用予定者数に絞り込むこと

・面接時の資料にする

の2つ。

■知りたいのは職務遂行能力

採用担当者が学生を見る場合は，「こいつは与えられた仕事をこなせるかどう
か」という目で見ている。企業に必要とされているのは仕事をする能力なのだ。

Point

質問に忠実に，"自分がいかにその会社の求める人材に当てはまるか"を
丁寧に答えること。

02 効果的なエントリーシートの書き方

■情報を伝える書き方

課題をよく理解していることを相手に伝えるような気持ちで書く。

■文章力

大切なのは全体のバランスが取れているか。書く前に，何をどれくらいの字
数で収めるか計算しておく。

「起承転結」でいえば，「起」は，文章を起こす導入部分。「承」は，起を受け
て，その提起した問題に対して承認を求める部分。「転」は，自説を展開する
部分。もっともオリジナリティが要求される。「結」は，最後の締めの結論部分。
文章の構成・まとめる力で，総合的な能力が高いことをアピールする。

エントリーシートで求められるものは，「自己PR」「志望動機」「将来どうなりたいか（目指すこと）」の3つに大別される。

1.「自己PR」

自己分析にしたがって作成していく。重要なのは，「なぜそうしようと思ったか？」「○○をした結果，何が変わったのか？何を得たのか？」という“連続性”が分かるかどうかがポイント。

2.「志望動機」

自己PRと一貫性を保ち，業界志望理由と企業志望理由を差別化して表現するように心がける。志望する業界の強みと弱み，志望企業の強みと弱みの把握は基本。

3.「将来の展望」

どんな社員を目指すのか，仕事へはどう臨もうと思っているか，目標は何か，などが問われる。仕事内容を事前に把握しておくだけでなく，5年後の自分，10年後の自分など，具体的な将来像を描いておくことが大切。

表現力，理解力のチェックポイント

❑ 文法，語法が正しいかどうか
❑ 論旨が論理的で一貫しているかどうか
❑ 1センテンスが簡潔かどうか
❑ 表現が統一されているかどうか（「です，ます」調か「だ，である」調か）

面接試験の進みかた

01 個人面接

●自由面接法

　面接官と受験者のキャラクターやその場の雰囲気，質問と応答の進行具合などによって雑談形式で自由に進められる。

●標準面接法

　自由面接法とは逆に，質問内容や評価の基準などがあらかじめ決まっている。実際には自由面接法と併用で，おおまかな質問事項や判定基準，評価ポイントを決めておき，質疑応答の内容上の制限を緩和しておくスタイルが一般的。1次面接などでは標準面接法をとり，2次以降で自由面接法をとる企業も多い。

●非指示面接法

　受験者に自由に発言してもらい，面接官は話題を引き出したりするときなど，最小限の質問をするという方法。

●圧迫面接法

　わざと受験者の精神状態を緊張させ，受験者がどのような応答をするかを観察し，判定する。受験者は，冷静に対応することが肝心。

02 集団面接

　面接の方法は個人面接と大差ないが，面接官がひとつの質問をして，受験者が順にそれに答えるという方法と，面接官が司会役になって，座談会のような形式で進める方法とがある。

　座談会のようなスタイルでの面接は，なるべく受験者全員が関心をもっているような話題を取りあげ，意見を述べさせるという方法。この際，司会役以外の面接官は一言も発言せず，判定・評価に専念する。

03 グループディスカッション

　グループディスカッション（以下，GD）の時間は30〜60分程度，1グループの人数は5〜10人程度で，司会は面接官が行う場合や，時間を決めて学生が交替で行うことが多い。面接官は内容については特に指示することはなく，受験者がどのようにGDを進めるかを観察する。

　評価のポイントは，全体的には理解力，表現力，指導性，積極性，協調性など，個別的には性格，知識，適性などが観察される。

　GDの特色は，集団の中での個人ということで，受験者の能力がどの程度のものであるか，また，どのようなことに向いているかを判定できること。受験者は，グループの中における自分の位置を面接官に印象づけることが大切だ。

グループディスカッション方式の面接におけるチェックポイント

❏全体の中で適切な論点を提供できているかどうか。
❏問題解決に役立つ知識を持っているか，また提供できているかどうか。
❏もつれた議論を解きほぐし，的はずれの議論を元に引き戻す努力をしているかどうか。
❏グループ全体としての目標をいつも考えているかどうか。
❏感情的な対立や攻撃をしかけているようなことはないか。
❏他人の意見に耳を傾け，よい意見には賛意を表し，それを全体に推し広げようという寛大さがあるかどうか。
❏議論の流れを自然にリードするような主導性を持っているかどうか。
❏提出した意見が議論の進行に大きな影響を与えているかどうか。

04 面接時の注意点

●控え室

　控え室には，指定された時間の15分前には入室しよう。そこで担当の係から，面接に際しての注意点や手順の説明が行われるので，疑問点は積極的に聞くようにし，心おきなく面接にのぞめるようにしておこう。会社によっては，所定のカードに必要事項を書き込ませたり，お互いに自己紹介をさせたりする場合もある。また，この控え室での行動も細かくチェックして，合否の資料にしている会社もある。

●入室・面接開始

係員がドアの開閉をしてくれる場合もあるが，それ以外は軽くノックして入室し，必ずドアを閉める。そして入口近くで軽く一礼し，面接官か補助員の「どうぞ」という指示で正面の席に進み，ここで再び一礼をする。そして，学校名と氏名を名のって静かに着席する。着席時は，軽く椅子にかけるようにする。

●面接終了と退室

面接の終了が告げられたら，椅子から立ち上がって一礼し，椅子をもとに戻して，面接官または係員の指示を受けて退室する。

その際も，ドアの前で面接官のほうを向いて頭を下げ，静かにドアを開閉する。控え室に戻ったら，係員の指示を受けて退社する。

05 面接試験の評定基準

●協調性

企業という「集団」では，他人との協調性が特に重視される。

感情や態度が円満で調和がとれていること，極端に好悪の情が激しくなく，物事の見方や考え方が穏健で中立であることなど，職場での人間関係を円滑に進めていくことのできる人物かどうかが評価される。

●話し方

外観印象的には，言語の明瞭さや応答の態度そのものがチェックされる。小さな声で自信のない発言，乱暴野卑な発言は減点になる。

考えをまとめたら，言葉を選んで話すくらいの余裕をもって，真剣に応答しようとする姿勢が重視される。軽率な応答をしたり，まして発言に矛盾を指摘されるような事態は極力避け，もしそのような状況になりそうなときは，自分の非を認めてはっきりと謝るような態度を示すべき。

●好感度

実社会においては，外観による第一印象が，人間関係や取引に大きく影響を及ぼす。

「フレッシュな爽やかさ」に加え，入社志望など，自分の意思や希望をより明確にすることで，強い信念に裏づけられた姿勢をアピールできるよう努力したい。

●判断力

何を質問されているのか，何を答えようとしているのか，常に冷静に判断していく必要がある。

●表現力

話に筋道が通り理路整然としているか，言いたいことが簡潔に言えるか，話し方に抑揚があり聞く者に感銘を与えるか，用語が適切でボキャブラリーが豊富かどうか。

●積極性

活動意欲があり，研究心旺盛であること，進んで物事に取り組み，創造的に解決しようとする意欲が感じられること，話し方にファイトや情熱が感じられること，など。

●計画性

見通しをもって順序よく合理的に仕事をする性格かどうか，またその能力の有無。企業の将来性のなかに，自分の将来をどうかみ合わせていこうとしているか，現在の自分を出発点として，何を考え，どんな仕事をしたいのか。

●安定性

情緒の安定は，社会生活に欠くことのできない要素。自分自身をよく知っているか，他の人に流されない信念をもっているか。

●誠実性

自分に対して忠実であろうとしているか，物事に対してどれだけ誠実な考え方をしているか。

●社会性

企業は集団活動なので，自分の考えに固執したり，不平不満が多い性格は向かない。柔軟で適応性があるかどうか。

清潔感や明朗さ，若々しさといった外観面も重視される。

---

06 面接試験の質問内容

1. 志望動機

受験先の概要や事業内容はしっかりと頭の中に入れておく。また，その企業の企業活動の社会的意義と，自分自身の志望動機との関連を明確にしておく。「安定している」「知名度がある」「将来性がある」といった利己的な動機，「自

分の性格に合っている」というような，あいまいな動機では説得力がない。安定性や将来性は，具体的にどのような企業努力によって支えられているのかという考察も必要だし，それに対する受験者自身の評価や共感なども問われる。

①どうしてその業種なのか

②どうしてその企業なのか

③どうしてその職種なのか

以上の①～③と，自分の性格や資質，専門などとの関連性を説明できるようにしておく。

自分がどうしてその会社を選んだのか，どこに大きな魅力を感じたのかを，できるだけ具体的に，情熱をもって語ることが重要。自分の長所と仕事の適性を結びつけてアピールし，仕事のやりがいや仕事に対する興味を述べるのもよい。

■複数の企業を受験していることは言ってもいい？

同じ職種，同じ業種で何社かかけもちしている場合，正直に答えてもかまわない。しかし，「第一志望はどこですか」というような質問に対して，正直に答えるべきかどうかというと，やはりこれは疑問がある。どんな会社でも，他社を第一志望にあげられれば，やはり愉快には思わない。

また，職種や業種の異なる会社をいくつか受験する場合も同様で，極端に性格の違う会社をあげれば，その矛盾を突かれるのは必至だ。

2. 仕事に対する意識・職業観

採用試験の段階では，次年度の配属予定が具体的に固まっていない会社もかなりある。具体的に職種や部署などを細分化して募集している場合は別だが，そうでない場合は，希望職種をあまり狭く限定しないほうが賢明。どの業界においても，採用後，新入社員には，研修としてその会社の各セクションをひと通り経験させる企業は珍しくない。そのうえで，具体的な配属計画を検討するのだ。

大切なことは，就職や職業というものを，自分自身の生き方の中にどう位置づけるか，また，自分の生活の中で仕事とはどういう役割を果たすのかを考えてみること。つまり自分の能力を活かしたい，社会に貢献したい，自分の存在価値を社会的に実現してみたい，ある分野で何か自分の力を試してみたい……，などの場合を考え，それを自分自身の人生観，志望職種や業種などとの関係を考えて組み立ててみる。自分の人生観をもとに，それを自分の言葉で表現できるようにすることが大切。

3. 自己紹介・自己PR

性格そのものを簡単に変えたり，欠点を克服したりすることは実際には難しいが，“仕方がない”という姿勢を見せることは禁物で，どんなささいなことでも，努力している面をアピールする。また一般的にいって，専門職を除けば，就職時になんらかの資格や技能を要求する企業は少ない。

ただ，資格をもっていれば採用に有利とは限らないが，専門性を要する業種では考慮の対象とされるものもある。たとえば英検，簿記など。

企業が学生に要求しているのは，4年間の勉学を重ねた学生が，どのように仕事に有用であるかということで，学生の知識や学問そのものを聞くのが目的ではない。あくまで，社会人予備軍としての謙虚さと素直さを失わないようにする。

知識や学力よりも，その人の人間性，ビジネスマンとしての可能性を重視するからこそ，面接担当者は，学生生活全般について尋ねることで，書類だけでは分からない人間性を探ろうとする。

何かうち込んだものや思い出に残る経験などは，その人の人間的な成長になんらかの作用を及ぼしているものだ。どんな経験であっても，そこから受けた印象や教訓などは，明確に答えられるようにしておきたい。

4. 一般常識・時事問題

一般常識・時事問題については筆記試験の分野に属するが，面接でこうしたテーマがもち出されることも珍しくない。受験者がどれだけ社会問題に関心をもっているか，一般常識をもっているか，また物事の見方・考え方に偏りがないかなどを判定する。知識や教養だけではなく，一問一答の応答を通じて，その人の性格や適応能力まで判断されることになる。

07 面接に向けての事前準備

■面接試験1カ月前までには万全の準備をととのえる

●志望会社・職種の研究

新聞の経済欄や経済雑誌などのほか，会社年鑑，株式情報など書物による研究をしたり，インターネットにあがっている企業情報や，検索によりさまざまな角度から調べる。すでにその会社へ就職している先輩や知人に会って知識を得たり，大学のキャリアセンターへ情報を求めるなどして総合的に判断する。

■専攻科目の知識・卒論のテーマなどの整理

大学時代にどれだけ勉強してきたか，専攻科目や卒論のテーマなどを整理しておく。

■時事問題に対する準備

毎日欠かさず新聞を読む。志望する企業の話題は，就職ノートに整理するなどもアリ。

面接当日の必需品

❑ 必要書類（履歴書，卒業見込証明書，成績証明書，健康診断書，推薦状）
❑ 学生証
❑ 就職ノート（志望企業ファイル）
❑ 印鑑，朱肉
❑ 筆記用具（万年筆，ボールペン，サインペン，シャープペンなど）
❑ 手帳，ノート
❑ 地図（訪問先までの交通機関などをチェックしておく）
❑ 現金（小銭も用意しておく）
❑ 腕時計（オーソドックスなデザインのもの）
❑ ハンカチ，ティッシュペーパー
❑ くし，鏡（女性は化粧品セット）
❑ シューズクリーナー
❑ ストッキング
❑ 折りたたみ傘（天気予報をチェックしておく）
❑ 携帯電話，充電器

STEP6 筆記試験の種類

理論編

■一般常識試験

社会人として企業活動を行ううえで最低限必要となる一般常識のほか，
英語，国語，社会(時事問題)，数学などの知識の程度を確認するもの。

　難易度はおおむね中学・高校の教科書レベル。一般常識の問題集を1冊やっておけばよいが，業界によっては専門分野が出題されることもあるため，必ず志望する企業のこれまでの試験内容は調べておく。

■一般常識試験の対策

・英語　慣れておくためにも，教科書を復習する，英字新聞を読むなど。

・国語　漢字，四字熟語，反対語，同音異義語，ことわざをチェック。

・時事問題　新聞や雑誌，テレビ，ネットニュースなどアンテナを張っておく。

■適性検査

　SPI（Synthetic Personality Inventory）試験（SPI3試験）とも呼ばれ，能力テストと性格テストを合わせたもの。

　能力テストでは国語能力を測る「言語問題」と，数学能力を測る「非言語問題」がある。言語的能力，知覚能力，数的能力のほか，思考・推理能力，記憶力，注意力などの問題で構成されている。

　性格テストは「はい」か「いいえ」で答えていく。仕事上の適性と性格の傾向などが一致しているかどうかをみる。

SPIは職務への適応性を客観的にみるためのもの。

理論編 STEP **7**　論作文の書き方

01 「論文」と「作文」

　一般に「論文」はあるテーマについて自分の意見を述べ，その論証をする文章で，必ず意見の主張とその論証という2つの部分で構成される。問題提起と論旨の展開，そして結論を書く。

　「作文」は，一般的には感想文に近いテーマ，たとえば「私の興味」「将来の夢」といったものがある。

　就職試験では「論文」と「作文」を合わせた"論作文"とでもいうようなものが出題されることが多い。

　論作文試験とは，「文章による面接」。テーマに書き手がどういう態度を持っているかを知ることが，出題の主な目的だ。受験者の知識・教養・人生観・社会観・職業観，そして将来への希望などが，どのような思考を経て，どう表現されているかによって，企業にとって，必要な人物かどうかを判断している。

　論作文の場合には，書き手の社会的意識や考え方に加え，「感銘を与える」働きが要求される。就職活動とは，企業に対し「自分をアピールすること」だということを常に念頭に置いておきたい。

Point

論文と作文の違い

	論　文	作　文
テーマ	学術的・社会的・国際的なテーマ。時事，経済問題など	個人的・主観的なテーマ。人生観，職業観など
表現	自分の意見や主張を明確に述べる。	自分の感想を述べる。
展開	四段型（起承転結）の展開が多い。	三段型（はじめに・本文・結び）の展開が多い。
文体	「だ調・である調」のスタイルが多い。	「です調・ます調」のスタイルが多い。

・テーマ

与えられた課題（テーマ）を，受験者はどのように理解しているか。

出題されたテーマの意義をよく考え，それに対する自分の意見や感情が，十分に整理されているかどうか。

・表現力

課題について本人が感じたり，考えたりしたことを，文章で的確に表しているか。

・字・用語・その他

かなづかいや送りがなが合っているか，文中で引用されている格言やことわざの類が使用法を間違えていないか，さらに誤字・脱字に至るまで，文章の基本的な力が受験者の人柄ともからんで厳密に判定される。

・オリジナリティ

魅力がある文章とは，オリジナリティを率直に出すこと。自分の感情や意見を，自分の言葉で表現する。

・生活態度

文章は，書き手の人格や人柄を映し出す。平素の社会的関心や他人との協調性，趣味や読書傾向はどうであるかといった，受験者の日常における生き方，生活態度がみられる。

・字の上手・下手

できるだけ読みやすい字を書く努力をする。また，制限字数より文章が長くなって原稿用紙の上下や左右の空欄に書き足したりすることは避ける。消しゴムで消す場合にも，丁寧に。

いずれの場合でも，表面的な文章力を問うているのではなく，受験者の人柄のほうを重視している。

マナーチェックリスト

就活において企業の人事担当は，面接試験やOG／OB訪問，そして面接試験において，あなたのマナーや言葉遣いといった，「常識力」をチェックしている。現在の自分はどのくらい「常識力」が身についているかをチェックリストで振りかえり，何ができて，何ができていないかを明確にしたうえで，今後の取り組みに生かしていこう。

評価基準　5：大変良い　4：やや良い　3：どちらともいえない　2：やや悪い　1：悪い

	項　目	評　価	メ　モ
挨拶	明るい笑顔と声で挨拶をしているか		
	相手を見て挨拶をしているか		
	相手より先に挨拶をしているか		
	お辞儀を伴った挨拶をしているか		
	直接の応対者でなくても挨拶をしているか		
表情	笑顔で応対しているか		
	表情に私的感情がでていないか		
	話しかけやすい表情をしているか		
	相手の話は真剣な顔で聞いているか		
身だしなみ	前髪は目にかかっていないか		
	髪型は乱れていないか／長い髪はまとめているか		
	髭の剃り残しはないか／化粧は健康的か		
	服は汚れていないか／清潔に手入れされているか		
	機能的で職業・立場に相応しい服装をしているか		
	華美なアクセサリーはつけていないか		
	爪は伸びていないか		
	靴下の色は適当か／ストッキングの色は自然な肌色か		
	靴の手入れは行き届いているか		
	ポケットに物を詰めすぎていないか		

	項　目	評　価	メ　モ
言葉遣い	専門用語を使わず，相手にわかる言葉で話しているか		
	状況や相手に相応しい敬語を正しく使っているか		
	相手の聞き取りやすい音量・速度で話しているか		
	語尾まで丁寧に話しているか		
	気になる言葉癖はないか		
動作	物の授受は両手で丁寧に実施しているか		
	案内・指し示し動作は適切か		
	キビキビとした動作を心がけているか		
心構え	勤務時間・指定時間の５分前には準備が完了しているか		
	心身ともに健康管理をしているか		
	仕事とプライベートの切替えができているか		

☑ 常に自己点検をするクセをつけよう

「人を表情やしぐさ，身だしなみなどの見かけで判断してはいけない」と一般にいわれている。確かに，人の個性は見かけだけではなく，内面においても見いだされるもの。しかし，私たちは人を第一印象である程度決めてしまう傾向がある。それが面接試験など初対面の場合であればなおさらだ。したがって，チェックリストにあるような挨拶，表情，身だしなみ等に注意して面接試験に臨むことはとても重要だ。ただ，これらは面接試験前にちょっと対策したからといって身につくようなものではない。付け焼き刃的な対策をして面接試験に臨んでも，面接官はあっという間に見抜いてしまう。日頃からチェックリストにあるような項目を意識しながら行動することが大事であり，そうすることで，最初はぎこちない挨拶や表情等も，その人の個性に応じたすばらしい所作へ変わっていくことができるのだ。さっそく，本日から実行してみよう。

面接試験において，印象を決定づける表情はとても大事。
どのようにすれば感じのいい表情ができるのか，ポイントを確認していこう。

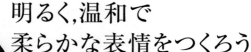

明るく,温和で
柔らかな表情をつくろう

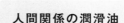

人間関係の潤滑油

表情に関しては，まずは豊かである
ということがベースになってくる。う
れしい表情，困った表情，驚いた表
情など，さまざまな気持ちを表現で
きるということが，人間関係を潤いの
あるものにしていく。

Point

　表情はコミュニケーションの大前提。相手に「いつでも話しかけてくださ
いね」という無言の言葉を発しているのが，就活に求められる表情だ。面接
官が安心してコミュニケーションをとろうと思ってくれる表情。それが，明
るく，温和で柔らかな表情となる。

いますぐデキる
カンタンTraining

Training **01**

喜怒哀楽を表してみよう

- ・人との出会いを楽しいと思うことが表情の基本
- ・表情を豊かにする大前提は相手の気持ちに寄り添うこと
- ・目元・口元だけでなく，眉の動きを意識することが大事

Training **02**

表情筋のストレッチをしよう

- ・表情筋は「ウイスキー」の発音によって鍛える
- ・意識して毎日，取り組んでみよう
- ・笑顔の共有によって相手との距離が縮まっていく

コミュニケーションは挨拶から始まり，その挨拶ひとつで印象は変わるもの。ポイントを確認していこう。

丁寧にしっかりと
はっきり挨拶をしよう

人間関係の第一歩

挨拶は心を開いて，相手に近づくコミュニケーションの第一歩。たかが挨拶，されど挨拶の重要性をわきまえて，きちんとした挨拶をしよう。形，つまり"技"も大事だが，心をこめることが最も重要だ。

Point

　挨拶はコミュニケーションの第一歩。相手が挨拶するのを待っているのは望ましくない。挨拶の際のポイントは丁寧であることと，はっきり声に出すことの2つ。丁寧な挨拶は，相手を大事にして迎えている気持ちの表れとなる。はっきり声に出すことで，これもきちんと相手を迎えていることが伝わる。また，相手もその応答として挨拶してくれることで，会ってすぐに双方向のコミュニケーションが成立する。

Training 01

3つのお辞儀をマスターしよう

① 会釈（15度）　　② 敬礼（30度）　　③ 最敬礼（45度）

・息を吸うことを意識してお辞儀をするとキレイな姿勢に
・目線は真下ではなく，床前方1.5m先ぐらいを見よう
・相手への敬意を忘れずに

Training 02

対面時は言葉が先，お辞儀が後

・相手に体を向けて先に自ら挨拶をする
・挨拶時，相手とアイコンタクトを
　しっかり取ろう
・挨拶の後に，お辞儀をする。
　これを「語先後礼」という

実践編
STEP 3　聞く姿勢

コミュニケーションは「話す」よりも「聞く」ことといわれる。相手が話しやすい聞き方の，ポイントを確認しよう。

相手の話を受けとめる

話を聞くときは，やや前に傾く姿勢をとる。表情と姿勢が合わさることにより，話し手の心が開き「あれも，これも話そう」という気持ちになっていく。また，「はい」と一度のお辞儀で頷くと相手の話を受け止めているというメッセージにつながる。

Point

話をすること，話を聞いてもらうことは誰にとってもプレッシャーを伴うもの。そのため,「何でも話して良いんですよ」「何でも話を聞きますよ」「心配しなくて良いんですよ」という気持ちで聞くことが大切になる。その気持ちが聞く姿勢に表れれば，相手は安心して話してくれる。

いますぐデキる
カンタンTraining

Training 01
頷きは一度で

- 相手が話した後に「はい」と 一言発する
- 頷きすぎは逆効果

Training 02
目線は自然に

- 鼻の付け根あたりを見ると 自然な印象に
- 目を見つめすぎるのはNG

Training 03
話の句読点で視線を移す

- 視線は話している人を見ることが基本
- 複数の人の話を聞くときは句読点を意識し, 視線を振り分けることで聞く姿勢を表す

伝わる話し方

自分の意思を相手に明確に伝えるためには，話し方が重要となる。はっきりと的確に話すためのポイントを確認しよう。

明るい発声を心がけよう

ボリュームを意識して

話すときのポイントとしては，ボリュームを意識することが挙げられる。会議室の一番奥にいる人に声が届くように意識することで，声のボリュームはコントロールされていく。

Point

コミュニケーションとは「伝達」すること。どのようなことも，適当に伝えるのではなく，伝えるべきことがきちんと相手に届くことが大切になる。そのためには，はっきりと，分かりやすく，丁寧に，心を込めて話すこと。言葉だけでなく，表情やジェスチャーを加えることも有効。

いますぐデキる
カンタンTraining

Training 01
腹式呼吸で発声練習

- 「あえいうえおあお」と発声する
- 腹式呼吸は，胸部をなるべく動かさ
  ずに，息を吸うときにお腹や腰が膨
  らむよう意識する呼吸法

Training 02
早口言葉にチャレンジ

おあやや
母親に
お謝り

- 「おあやや，母親に，お謝り」と早口で
- 口がすぼまった「お」と口が開いた
  「あ」の発音に，変化をつけられる
  かがポイント

Training 03
ジェスチャーを有効活用

- 腰より上でジェスチャーをする
- 体から離した位置に手をもっていく
- ジェスチャーをしたら戻すところを
  さだめておく

STEP5 身だしなみ

身だしなみはその人自身を表すもの。身だしなみの基本について，ポイントを
確認しよう。

清潔感,さわやかさを
醸し出せるようにしよう

プロの企業人に
ふさわしい身だしなみを

信頼感，安心感をもたれる身だしな
みを考えよう。TPOに合わせた服装は，
すなわち"礼"を表している。そして，
身だしなみには，「清潔感」,「品のよさ」,
「控え目である」という，3つのポイ
ントがある。

Point

相手との心理的な距離や物理的な距離が遠ければ，コミュニケーションは
成立しにくくなる。見た目が不潔では誰も近付いてこない。身だしなみが
清潔であること，爽やかであることは相手との距離を縮めることにも繋がる。

いますぐデキる
カンタン**Training**

Training **01**

髪型，服装を整えよう

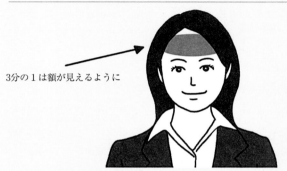

3分の1は額が見えるように

- 男性も女性も眉が見える髪型が望ましい。3分の1は額が見えるように。額は知性と清潔感を伝える場所。男性の髪の長さは耳や襟にかからないように
- スーツで相手の前に立つときは，ボタンはすべて留める。男性の場合は下のボタンは外す

Training **02**

おしゃれとの違いを明確に

- 爪はできるだけ切りそろえる
- 爪の中の汚れにも注意
- ジェルネイル，ネイルアートはNG

Training **03**

足元にも気を配って

- 女性の場合はパンプス，男性の場合は黒の紐靴が望ましい
- 靴はこまめに汚れを落とし見栄えよく

姿勢にはその人の意欲が反映される。前向き，活動的な姿勢を表すにはどうしたらよいか，ポイントを確認しよう。

前向き,活動的な 姿勢を維持しよう

一直線と左右対称

正しい立ち姿として，耳，肩，腰，くるぶしを結んだ線が一直線に並んでいることが最大のポイントになる。そのラインが直線に近づくほど立ち姿がキレイに整っていることになる。また，"左右対称"というのもキレイな姿勢の要素のひとつになる。

Point

　姿勢は，身体と心の状態を反映するもの。そのため，良い姿勢でいることは，印象が清々しいだけでなく，健康で元気そうに見え，話しかけやすさにも繋がる。歩く姿勢，立つ姿勢，座る姿勢など，どの場面にも心身の健康状態が表れるもの。日頃から心身の健康状態に気を配り，フィジカルとメンタル両面の自己管理を心がけよう。

いますぐデキる
カンタンTraining

Training 01

キレイな歩き方を心がけよう

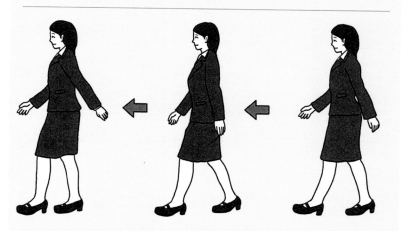

- ・女性は1本の線上を，男性はそれよりも太い線上を沿うように歩く
- ・一歩踏み出したときに前の足に体重を乗せるように，腰から動く
- ・12時の方向につま先をもっていく

Training 02

前向きな気持ちを持とう

- ・常に前向きな気持ちが姿勢を正す
- ・ポジティブ思考を心がけよう

言葉遣いの正しさはとは，場面にあった言葉を遣うということ。相手を気づかいながら，言葉を選ぶことで，より正しい言葉に近づいていく。

相手と場面に合わせた ふさわしい言葉遣いを

次の文は接客の場面でよくある間違えやすい敬語です。
それぞれの言い方は○×どちらでしょうか。

問1「資料をご拝読いただきありがとうございます」

問2「こちらのパンフレットはもういただかれましたか？」

問3「恐れ入りますが，こちらの用紙にご記入してください」

問4「申し訳ございませんが，来週，休ませていただきます」

問5「先ほどの件，帰りましたら上司にご報告いたしますので」

Point

　ビジネスのシーンに敬語は欠くことができない。何度もやり取りをしていく中で，親しさの度合いによっては，あえてくだけた表現を用いることもあるが，「親しき仲にも礼儀あり」と言われるように，敬意や心づかいをおろそかにしてはいけないもの。相手に誤解されたり，相手の気分を壊すことのないように，相手や場面にふさわしい言葉遣いが大切になる。

問1 （×） ○正しい言い換え例

→「ご覧いただきありがとうございます」など

「拝読」は自分が「読む」意味の謙譲語なので，相手の行為に使うのは誤り。読むと見るは同義なため，多く，見るの尊敬語「ご覧になる」が用いられる。

問2 （×） ○正しい言い換え例

→「お持ちですか」「お渡ししましたでしょうか」 など

「いただく」は，食べる・飲む・もらうの謙譲語。「もらったかどうか」と聞きたいのだから，「おもらいになりましたか」と言えないこともないが，持っているかどうか，受け取ったかどうかという意味で「お持ちですか」などが使われることが多い。また，自分側が渡すような場合は，「お渡しする」を使って「お渡ししましたでしょうか」などの言い方に換えることもできる。

問3 （×） ○正しい言い換え例

→「恐れ入りますが，こちらの用紙にご記入ください」など

「ご記入する」の「お（ご）〜する」は謙譲語の形。相手の行為を謙譲語で表すことになるため誤り。「して」を取り除いて「ご記入ください」か，和語に言い換えて「お書きください」とする。ほかにも「お書き／ご記入・いただけますでしょうか・願います」などの表現もある。

問4 （△）

有給休暇を取る場合や，弔事等で休むような場面で，用いられることも多い。「休ませていただく」ということで一見丁寧に響くが，「来週休むと自分で休みを決めている」という勝手な表現にも受け取られかねない言葉だ。ここは同じ「させていただく」を用いても，相手の都合をうかがう言い方に換えて「○○がございまして，申し訳ございませんが，休みをいただいてもよろしいでしょうか」などの言い換えが好ましい。

問5 （×）○正しい言い換え例

→「上司に報告いたします」

「ご報告いたします」は，ソトの人との会話で使うとするならば誤り。「ご報告いたします」の「お・ご〜いたす」は，「お・ご〜する」と「〜いたす」という2つの敬語を含む言葉。そのうちの「お・ご〜する」は，主語である自分を低めて相手＝上司を高める働きをもつ表現（謙譲語Ⅰ）。一方「〜いたす」は，主語の私を低めて，話の聞き手に対して丁重に述べる働きをもつ表現（謙譲語Ⅱ 丁重語）。「お・ご〜する」も「〜いたす」も同じ謙譲語であるため紛らわしいが，主語を低める（謙譲）という働きは同じでも，行為の相手を高める働きがあるかないかという点に違いがあるといえる。

敬語は正しく使用することで，相手の印象を大きく変えることができる。尊敬語，謙譲語の区別をはっきりつけて，誤った用法で話すことのないように気をつけよう。

言葉の使い方が
マナーを表す!

■よく使われる尊敬語の形　「言う・話す・説明する」の例

専用の尊敬語型	おっしゃる
～れる・～られる型	言われる・話される・説明される
お（ご）～になる型	お話しになる・ご説明になる
お（ご）～なさる型	お話しなさる・ご説明なさる

■よく使われる謙譲語の形　「言う・話す・説明する」の例

専用の謙譲語型	申す・申し上げる
お（ご）～する型	お話しする・ご説明する
お（ご）～いたす型	お話しいたします・ご説明いたします

Point

　同じ尊敬語・謙譲語でも，よく使われる代表的な形がある。ここではその一例をあげてみた。敬語の使い方に迷ったときなどは，まずはこの形を思い出すことで，大抵の語はこの型にはめ込むことができる。同じ言葉を用いたほうがよりわかりやすいといえるので，同義に使われる「言う・話す・説明する」を例に考えてみよう。

　ほかにも「お話しくださる」や「お話しいただく」「お元気でいらっしゃる」などの形もあるが，まずは表の中の形を見直そう。

■よく使う動詞の尊敬語・謙譲語
なお，尊敬語の中の「言われる」などの「れる・られる」を付けた形は省力している。

基本	尊敬語（相手側）	謙譲語（自分側）
会う	お会いになる	お目にかかる・お会いする
言う	おっしゃる	申し上げる・申す
行く・来る	いらっしゃる おいでになる お見えになる お越しになる お出かけになる	伺う・参る お伺いする・参上する
いる	いらっしゃる・おいでになる	おる
思う	お思いになる	存じる
借りる	お借りになる	拝借する・お借りする
聞く	お聞きになる	拝聴する 拝聞する お伺いする・伺う お聞きする
知る	ご存じ（知っているという意で）	存じ上げる・存じる
する	なさる	いたす
食べる・飲む	召し上がる・お召し上がりになる お飲みになる	いただく・頂戴する
見る	ご覧になる	拝見する
読む	お読みになる	拝読する

「お伺いする」「お召し上がりになる」などは，「伺う」「召し上がる」自体が敬語なので
「二重敬語」ですが，慣習として定着しており間違いではないもの。

Point

　上記の「敬語表」は，よく使うと思われる動詞をそれぞれ尊敬語・謙譲語で表したもの。このように大体の言葉は型にあてはめることができる。言葉の中には「お（ご）」が付かないものもあるが，その場合でも「〜なさる」を使って，「スピーチなさる」や「運営なさる」などと言うことができる。また，表では，「言う」の尊敬語「言われる」の例は省いているが，れる・られる型の「言われる」よりも「おっしゃる」「お話しになる」「お話しなさる」などの言い方のほうが，より敬意も高く，言葉としても何となく響きが落ち着くといった印象を受けるものとなる。

会話は相手があってのこと。いかなる場合でも，相手に対する心くばりを忘れないことが，会話をスムーズに進めるためのコツになる。

心くばりを添えるひと言で
言葉の印象が変わる!

　相手に何かを頼んだり，また相手の依頼を断ったり，相手の抗議に対して反論したりする場面では，いきなり自分の意見や用件を切り出すのではなく，場面に合わせて心くばりを伝えるひと言を添えてから本題に移ると，響きがやわらかくなり，こちらの意向も伝えやすくなる。俗にこれは「クッション言葉」と呼ばれている。（右表参照）

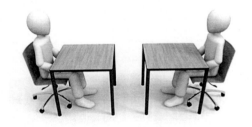

Point

　ビジネスの場面で，相手と話したり手紙やメールを送る際には，何か依頼事があってという場合が多いもの。その場合に「ちょっとお願いなんですが…」では，ふだんの会話と変わりがないものになってしまう。そこを「突然のお願いで恐れ入りますが」「急にご無理を申しまして」「こちらの勝手で恐縮に存じますが」「折り入ってお願いしたいことがございまして」などの一言を添えることで，直接的なきつい感じが和らぐだけでなく，「申し訳ないのだけれど，もしもそうしていただくことができればありがたい」という，相手への配慮や願いの気持ちがより強まる。このような前置きの言葉もうまく用いて，言葉に心くばりを添えよう。

相手の意向を尋ねる場合	「よろしければ」「お差し支えなければ」 「ご都合がよろしければ」「もしお時間がありましたら」 「もしお嫌いでなければ」「ご興味がおありでしたら」
相手に面倒を かけてしまうような場合	「お手数をおかけしますが」 「ご面倒をおかけしますが」 「お手を煩わせまして恐縮ですが」 「お忙しい時に申し訳ございませんが」 「お時間を割いていただき申し訳ありませんが」 「貴重なお時間を頂戴し恐縮ですが」
自分の都合を 述べるような場合	「こちらの勝手で恐縮ですが」 「こちらの都合（ばかり）で申し訳ないのですが」 「私どもの都合ばかりを申しまして，まことに申し訳なく存じますが」 「ご無理を申し上げまして恐縮ですが」
急な話をもちかけた場合	「突然のお願いで恐れ入りますが」 「急にご無理を申しまして」 「もっと早くにご相談申し上げるべきところでございましたが」 「差し迫ってのことでまことに申し訳ございませんが」
何度もお願いする場合	「たびたびお手数をおかけしまして恐縮に存じますが」 「重ね重ね恐縮に存じますが」 「何度もお手を煩わせまして申し訳ございませんが」 「ご面倒をおかけしてばかりで，まことに申し訳ございませんが」
難しいお願いをする場合	「ご無理を承知でお願いしたいのですが」 「たいへん申し上げにくいのですが」 「折り入ってお願いしたいことがございまして」
あまり親しくない相手に お願いする場合	「ぶしつけなお願いで恐縮ですが」 「ぶしつけながら」 「まことに厚かましいお願いでございますが」
相手の提案・誘いを断る場合	「申し訳ございませんが」 「（まことに）残念ながら」 「せっかくのご依頼ではございますが」 「たいへん恐縮ですが」 「身に余るお言葉ですが」 「まことに失礼とは存じますが」 「たいへん心苦しいのですが」 「お引き受けしたいのはやまやまですが」
問い合わせの場合	「つかぬことをうかがいますが」 「突然のお尋ねで恐縮ですが」

ここでは文章の書き方における，一般的な敬称について言及している。はがき，手紙，メール等，通信手段はさまざま。それぞれの特性をふまえて有効活用しよう。

相手の気持ちになって
見やすく美しく書こう

■敬称のいろいろ

敬称	使う場面	例
様	職名・役職のない個人	（例）飯田知子様／ご担当者様／経理部長　佐藤一夫様
殿	職名・組織名・役職のある個人（公用文など）	（例）人事部長殿／教育委員会殿／田中四郎殿
先生	職名・役職のない個人	（例）松井裕子先生
御中	企業・団体・官公庁などの組織	（例）○○株式会社御中
各位	複数あてに同一文書を出すとき	（例）お客様各位／会員各位

Point

　封筒・はがきの表書き・裏書きは縦書きが基本だが，洋封筒で親しい人にあてる場合は，横書きでも問題ない。いずれにせよ，定まった位置に，丁寧な文字でバランス良く，正確に記すことが大切。特に相手の住所や名前を乱雑な文字で書くのは，配達の際の間違いを引き起こすだけでなく，受け取る側に不快な思いをさせる。相手の気持ちになって，見やすく美しく書くよう心がけよう。

■各通信手段の長所と短所

	長所	短所	用途
封書	・封を開けなければ本人以外の目に触れることがない。 ・丁寧な印象を受ける。	・多量の資料・画像送付には不向き。 ・相手に届くまで時間がかかる。	・儀礼的な文書(礼状・わび状など) ・目上の人あての文書 ・重要な書類 ・他人に内容を読まれたくない文書
はがき・カード	・封書よりも気軽にやり取りできる。 ・年賀状や季節の便り,旅先からの連絡など絵はがきとしても楽しむことができる。	・封に入っていないため,第三者の目に触れることがある。 ・中身が見えるので,改まった礼状やわび状,こみ入った内容には不向き。 ・相手に届くまで時間がかかる。	・通知状　　　・案内状 ・送り状　　　・旅先からの便り ・各種お祝い　・お礼 ・季節の挨拶
FAX	・手書きの図やイラストを文章といっしょに送れる。 ・すぐに届く。 ・控えが手元に残る。	・多量の資料の送付には不向き。 ・事務的な用途で使われることが多く,改まった内容の文書,初対面の人へは不向き。	・地図,イラストの入った文書 ・印刷物(本・雑誌など)
電話	・急ぎの連絡に便利。 ・相手の反応をすぐに確認できる。 ・直接声が聞けるので,安心感がある。	・連絡できる時間帯が制限される。 ・長々としたこみ入った内容は伝えづらい。	・緊急の用件 ・確実に用件を伝えたいとき
メール	・瞬時に届く。　・控えが残る。 ・コストが安い。 ・大容量の資料や画像をデータで送ることができる。 ・一度に大勢の人に送ることができる。 ・相手の居場所や状況を気にせず送れる。	・事務的な印象を与えるので,改まった礼状やわび状には不向き。 ・パソコンや携帯電話を持っていない人には送れない。 ・ウィルスなどへの対応が必要。	・データで送りたいとき ・ビジネス上の連絡

Point

　はがきは手軽で便利だが,おわびやお願い,格式を重んじる手紙には不向きとなる。この種の手紙は内容もこみ入ったものとなり,加えて丁寧な文章で書かなければならないので,数行で済むことはまず考えられない。また,封筒に入っていないため,他人の目に触れるという難点もある。このように,はがきにも長所と短所があるため,使う場面や相手によって,他の通信手段と使い分けることが必要となる。

　はがき以外にも,封書・電話・FAX・メールなど,現代ではさまざまな通信手段がある。上に示したように,それぞれ長所と短所があるので,特徴を知って用途によって上手に使い分けよう。

社会人のマナーとして，電話応対のスキルは必要不可欠。まずは失礼なく電話に出ることからはじめよう。積極性が重要だ。

相手の顔が見えない分
対応には細心の注意を

■電話をかける場合

①　○○先生に電話をする

×「私，□□社の××と言いますが，○○様はおられますでしょうか？」

○「××と申しますが，○○様はいらっしゃいますか？」

「おられますか」は「おる」を謙譲語として使うため，通常は相手がいるかどうかに関しては，「いらっしゃる」を使うのが一般的。

②　相手の状況を確かめる

×「こんにちは，××です，先日のですね…」

○「××です，先日は有り難うございました，今お時間よろしいでしょうか？」

相手が忙しくないかどうか，状況を聞いてから話を始めるのがマナー。また，やむを得ず夜間や早朝，休日などに電話をかける際は，「夜分（朝早く）に申し訳ございません」「お休みのところ恐れ入ります」などのお詫びの言葉もひと言添えて話す。

③　相手が不在，何時ごろ戻るかを聞く場合

×「戻りは何時ごろですか？」

○「何時ごろお戻りになりますでしょうか？」

「戻り」はそのままの言い方，相手にはきちんと尊敬語を使う。

④　また自分からかけることを伝える

×「そうですか，ではまたかけますので」

○「それではまた後ほど（改めて）お電話させていただきます」

戻る時間がわかる場合は，「またお戻りになりましたころにでも」「また午後にでも」などの表現もできる。

■電話を受ける場合

①　電話を取ったら

× 「はい，もしもし，○○（社名）ですが」

○ **「はい，○○（社名）でございます」**

②　相手の名前を聞いて

× 「どうも，どうも」

○ **「いつもお世話になっております」**

あいさつ言葉として定着している決まり文句ではあるが，日頃のお付き合いがあってこそ。あいさつ言葉もきちんと述べよう。「お世話様」という言葉も時折耳にするが，敬意が軽い言い方となる。適切な言葉を使い分けよう。

③　相手が名乗らない

× 「どなたですか？」「どちらさまですか？」

○ **「失礼ですが，お名前をうかがってもよろしいでしょうか？」**

名乗るのが基本だが，尋ねる態度も失礼にならないように適切な応対を心がけよう。

④　電話番号や住所を教えてほしいと言われた場合

× 「はい，いいでしょうか？」　　　× 「メモのご用意は？」

○ **「はい，申し上げます，よろしいでしょうか？」**

「メモのご用意は？」は，一見親切なようにも聞こえるが，尋ねる相手も用意していることがほとんど。押し付けがましくならない程度に。

⑤　上司への取次を頼まれた場合

× 「はい，今代わります」　　　× 「○○部長ですね，お待ちください」

○ **「部長の○○でございますね，ただいま代わりますので，少々お待ちくださいませ」**

○○部長という表現は，相手側の言い方となる。自分側を述べる場合は，「部長の○○」「○○」が適切。

Point

自分から電話をかける場合は，まずは自分の会社名や氏名を名乗るのがマナー。たとえ目的の相手が直接出た場合でも，電話では相手の様子が見えないことがほとんど。自分の勝手な判断で話し始めるのではなく，相手の都合を伺い，そのうえで話を始めるのが社会人として必要な気配りとなる。

時候の挨拶

月	漢語調の表現 候，みぎりなどを付けて用いられます	口語調の表現
1月 (睦月)	初春・新春・頌春・小寒・大寒・厳寒	皆様におかれましては，よき初春をお迎えのことと存じます／厳しい寒さが続いております／珍しく暖かな寒の入りとなりました／大寒という言葉通りの厳しい寒さでございます
2月 (如月)	春寒・余寒・残寒・立春・梅花・向春	立春とは名ばかりの寒さ厳しい毎日でございます／梅の花もちらほらとふくらみ始め，春の訪れを感じる今日この頃です／春の訪れが待ち遠しいこのごろでございます
3月 (弥生)	早春・浅春・春寒・春分・春暖	寒さもようやくゆるみ，日ましに春めいてまいりました／ひと雨ごとに春めいてまいりました／日増しに暖かさが加わってまいりました
4月 (卯月)	春暖・陽春・桜花・桜花爛漫	桜花爛漫の季節を迎えました／春光うららかな好季節となりました／花冷えとでも申しましょうか，何だか肌寒い日が続いております
5月 (皐月)	新緑・薫風・惜春・晩春・立夏・若葉	風薫るさわやかな季節を迎えました／木々の緑が目にまぶしいようでございます／目に青葉，山ほととぎす，初鰹の句も思い出される季節となりました
6月 (水無月)	梅雨・向暑・初夏・薄暑・麦秋	初夏の風もさわやかな毎日でございます／梅雨前線が近づいてまいりました／梅雨の晴れ間にのぞく青空は，まさに夏を思わせるようです
7月 (文月)	盛夏・大暑・炎暑・酷暑・猛暑	梅雨が明けたとたん，うだるような暑さが続いております／長い梅雨も明け，いよいよ本格的な夏がやってまいりました／風鈴の音がわずかに涼を運んでくれているようです
8月 (葉月)	残暑・晩夏・処暑・秋暑	立秋とはほんとうに名ばかりの厳しい暑さの毎日です／残暑たえがたい毎日でございます／朝夕はいくらかしのぎやすくなってまいりました
9月 (長月)	初秋・新秋・爽秋・新涼・清涼	九月に入りましてもなお，日差しの強い毎日です／暑さもやっとおとろえはじめたようでございます／残暑も去り，ずいぶんとしのぎやすくなってまいりました
10月 (神無月)	清秋・錦秋・秋涼・秋冷・寒露	秋風もさわやかな過ごしやすい季節となりました／街路樹の葉も日ごとに色を増しております／紅葉の便りの聞かれるころとなりました／秋深く，日増しに冷気も加わってまいりました
11月 (霜月)	晩秋・暮秋・霜降・初霜・向寒	立冬を迎え，まさに冬到来を感じる寒さです／木枯らしの季節になりました／日ごとに冷気が増すようでございます／朝夕はひときわ冷え込むようになりました
12月 (師走)	寒冷・初冬・師走・歳晩	師走を迎え，何かと慌ただしい日々をお過ごしのことと存じます／年の瀬も押しつまり，何かとお忙しくお過ごしのことと存じます／今年も残すところわずかとなりました，お忙しい毎日とお察しいたします

いますぐデキる
シチュエーション別会話例

シチュエーション1　取引先との会話

「非常に素晴らしいお話で感心しました」→NG！

　「感心する」は相手の立派な行為や，優れた技量などに心を動かされるという意味。意味としては間違いではないが，目上の人に用いると，偉そうに聞こえかねない表現。「感動しました」などに言い換えるほうが好ましい。

シチュエーション2　子どもとの会話

「お母さんは，明日はいますか？」→NG！

　たとえ子どもとの会話でも，子どもの年齢によっては，ある程度の敬語を使うほうが好ましい。「明日はいらっしゃいますか」では，むずかしすぎると感じるならば，「お出かけですか」などと表現することもできる。

シチュエーション3　同僚との会話

「今，お暇ですか」→NG？

　同じ立場同士なので，暇に「お」が付いた形で「お暇」ぐらいでも構わないともいえるが，「暇」というのは，するべきことも何もない時間という意味。そのため「お暇ですか」では，あまりにも直接的になってしまう。その意味では「手が空いている」→「空いていらっしゃる」→「お手透き」などに言い換えることで，やわらかく敬意も含んだ表現になる。

シチュエーション4　上司との会話

「なるほどですね」→NG！

　「なるほど」とは，相手の言葉を受けて，自分も同意見であることを表すため，相手の言葉・意見を自分が評価するというニュアンスも含まれている。そのため自分が評価して述べているという偉そうな表現にもなりかねない。同じ同意ならば，頷き「おっしゃる通りです」などの言葉のほうが誤解なく伝わる。

就職活動のはじめかた　**207**

就活スケジュールシート

■年間スケジュールシート

1月	2月	3月	4月	5月	6月
企業関連スケジュール					
自己の行動計画					

就職活動をすすめるうえで，当然重要になってくるのは，自己のスケジュール管理だ。企業の選考スケジュールを把握することも大切だが，自分のペースで進めることになる自己分析や業界・企業研究，面接試験のトレーニング等の計画を立てることも忘れてはいけない。スケジュールシートに「記入」する作業を通して，短期・長期の両方の面から就職試験を考えるきっかけにしよう。

7月	8月	9月	10月	11月	12月
企業関連スケジュール					
自己の行動計画					

会社別就活ハンドブックシリーズ

中部電力の
就活ハンドブック

編　者	就職活動研究会
発　行	令和 6 年 2 月 25 日
発行者	小貫輝雄
発行所	協同出版株式会社

〒 101 − 0054
東京都千代田区神田錦町 2 − 5
電話　03 − 3295 − 1341
振替　東京00190 − 4 − 94061

印刷所　協同出版・POD 工場

落丁・乱丁はお取り替えいたします

●2025年度版●
会社別就活ハンドブックシリーズ
【全111点】

運　輸

東日本旅客鉄道の就活ハンドブック	小田急電鉄の就活ハンドブック
東海旅客鉄道の就活ハンドブック	阪急阪神 HD の就活ハンドブック
西日本旅客鉄道の就活ハンドブック	商船三井の就活ハンドブック
東京地下鉄の就活ハンドブック	日本郵船の就活ハンドブック

機　械

三菱重工業の就活ハンドブック	浜松ホトニクスの就活ハンドブック
川崎重工業の就活ハンドブック	村田製作所の就活ハンドブック
IHI の就活ハンドブック	クボタの就活ハンドブック
島津製作所の就活ハンドブック	

金　融

三菱 UFJ 銀行の就活ハンドブック	野村證券の就活ハンドブック
三菱 UFJ 信託銀行の就活ハンドブック	りそなグループの就活ハンドブック
みずほ FG の就活ハンドブック	ふくおか FG の就活ハンドブック
三井住友銀行の就活ハンドブック	日本政策投資銀行の就活ハンドブック
三井住友信託銀行の就活ハンドブック	

建設・不動産

三菱地所の就活ハンドブック	鹿島建設の就活ハンドブック
三井不動産の就活ハンドブック	大成建設の就活ハンドブック
積水ハウスの就活ハンドブック	清水建設の就活ハンドブック
大和ハウス工業の就活ハンドブック	

資源・素材

旭旭化成グループの就活ハンドブック	関西電力の就活ハンドブック
東レの就活ハンドブック	日本製鉄の就活ハンドブック
ワコールの就活ハンドブック	中部電力の就活ハンドブック

九州電力の就活ハンドブック

自動車

トヨタ自動車の就活ハンドブック

本田技研工業の就活ハンドブック

デンソーの就活ハンドブック

日産自動車の就活ハンドブック

商　社

三菱商事の就活ハンドブック

住友商事の就活ハンドブック

丸紅の就活ハンドブック

三井物産の就活ハンドブック

伊藤忠商事の就活ハンドブック

双日の就活ハンドブック

豊田通商の就活ハンドブック

情報通信・IT

NTT データの就活ハンドブック

NTT ドコモの就活ハンドブック

野村総合研究所の就活ハンドブック

日本電信電話の就活ハンドブック

KDDI の就活ハンドブック

ソフトバンクの就活ハンドブック

楽天の就活ハンドブック

mixi の就活ハンドブック

グリーの就活ハンドブック

サイバーエージェントの就活ハンドブック

LINE ヤフーの就活ハンドブック

SCSK の就活ハンドブック

富士ソフトの就活ハンドブック

日本オラクルの就活ハンドブック

GMO インターネットグループ

オービックの就活ハンドブック

DTS の就活ハンドブック

TIS の就活ハンドブック

食品・飲料

サントリー HD の就活ハンドブック

味の素の就活ハンドブック

キリン HD の就活ハンドブック

アサヒグループ HD の就活ハンドブック

日本たばこ産業 の就活ハンドブック

日清食品グループの就活ハンドブック

山崎製パンの就活ハンドブック

キユーピーの就活ハンドブック

生活用品

資生堂の就活ハンドブック

花王の就活ハンドブック

武田薬品工業の就活ハンドブック

電気機器

三菱電機の就活ハンドブック	パナソニックの就活ハンドブック
ダイキン工業の就活ハンドブック	富士通の就活ハンドブック
ソニーの就活ハンドブック	キヤノンの就活ハンドブック
日立製作所の就活ハンドブック	京セラの就活ハンドブック
ＮＥＣの就活ハンドブック	オムロンの就活ハンドブック
富士フイルム HD の就活ハンドブック	キーエンスの就活ハンドブック

保　険

東京海上日動火災保険の就活ハンドブック	三井住友海上火災保険の就活ハンドブック
第一生命ﾎｰﾙﾃﾞｨﾝｸﾞｽの就活ハンドブック	損保ジャパンの就活ハンドブック

メディア

日本印刷の就活ハンドブック	エイベックスの就活ハンドブック
博報堂 DY の就活ハンドブック	東宝の就活ハンドブック
TOPPAN ホールディングスの就活ハンドブック	

流通・小売

ニトリ HD の就活ハンドブック	ZOZO の就活ハンドブック
イオンの就活ハンドブック	

エンタメ・レジャー

オリエンタルランドの就活ハンドブック	任天堂の就活ハンドブック
アシックスの就活ハンドブック	カプコンの就活ハンドブック
バンダイナムコ HD の就活ハンドブック	セガサミー HD の就活ハンドブック
コナミグループの就活ハンドブック	タカラトミーの就活ハンドブック
スクウェア・エニックス HD の就活ハンドブック	

▼会社別就活ハンドブックシリーズにつきましては，協同出版
のホームページからもご注文ができます。詳細は下記のサイ
トでご確認下さい。
https://kyodo-s.jp/examination_company